循环经济统计核算问题研究

向书坚　平卫英　著

中国统计出版社
China Statistics Press

(京)新登字 041 号

图书在版编目(CIP)数据

循环经济统计核算问题研究/向书坚,平卫英著.—北京:中国统计出版社,2011.3

ISBN 978-7-5037-6197-3

Ⅰ.①循… Ⅱ.①向…②平… Ⅲ.①自然资源-资源经济学-经济统计-经济核算 Ⅳ.①F062.1

中国版本图书馆 CIP 数据核字(2011)第 023002 号

循环经济统计核算问题研究

作　　者/向书坚　平卫英
责任编辑/张　赏
装帧设计/李雪燕
出版发行/中国统计出版社
通信地址/北京市西城区月坛南街 57 号　邮政编码/100826
办公地址/北京市丰台区西三环南路甲 6 号
网　　址/www.stats.gov.cn/tjshujia
电　　话/邮购(010)63376907　书店(010)68783172
印　　刷/河北天普润印刷厂
经　　销/新华书店
开　　本/710×1000mm　1/18
字　　数/190 千字
印　　张/13.25
版　　别/2011 年 4 月第 1 版
版　　次/2011 年 4 月第 1 次印刷
书　　号/ISBN 978-7-5037-6197-3/F·3003
定　　价/30.00 元

作者简介

向书坚，男，1963 年 2 月出生，籍贯湖南省洞口县。中南财经政法大学研究生院常务副院长，统计与数学学院教授、博士生导师。1997 年毕业于中南财经大学统计系，获经济学博士学位。1999 年入选财政部跨世纪学科带头人；2002 年荣获国家统计局“优秀统计教师奖”；2004 年被授予湖北省有突出贡献的中青年专家称号；2007 年入选教育部新世纪优秀人才支持计划。主要社会兼职：中国统计学会常务理事，中国统计教育学会常务理事，第五届全国统计教材编审委员会委员，湖北省统计学会副会长，武汉市统计学会副会长。主要研究方向：统计理论与方法、宏观经济统计分析、国民经济核算理论与方法、资源环境核算等。主要科研成果：在《管理世界》、《统计研究》、《数量经济技术经济研究》等重要学术期刊上发表论文 50 余篇；主持完成了省部级科研课题 3 项，主持国家社科基金课题 1 项，荣获省部级优秀科研成果奖 8 项。

平卫英，女，1979 年 8 月出生，籍贯内蒙古锡林浩特市。现为江西财经大学金融与统计学院统计系讲师。2009 年毕业于中南财经政法大学，获经济学博士学位。近年来在《统计研究》、《数量经济技术经济研究》、《财政研究》等学术期刊上发表论文 10 余篇，参与 2 项国家社科基金项目及多项省部级课题的研究，主要研究方向：国民经济核算、宏观经济统计分析等。

前　言

迄今为止,20世纪是人类物质文明发展最快的时代,但也是地球生态环境和自然资源遭受破坏最严重的时期。20世纪70年代以来,“高消耗、低效率、高排放”的传统线性经济增长模式带来的严重资源危机和环境问题,已引起人类深刻的反思。为了兼顾当代和后代人的利益,作为实现可持续发展的根本途径,“低消耗、高效率、低排放”的循环经济发展模式正在世界范围内蓬勃兴起。中国是一个人口众多、资源相对匮乏、生态环境脆弱的国家,随着经济的发展,资源环境问题日益突出,走循环经济之路、推行循环经济模式,是解决经济高速增长与生态环境日益恶化矛盾的根本出路。

循环经济发展模式要求遵循生态学规律,合理利用自然资源和生态环境,在物质不断循环利用的基础上发展经济,使经济系统和谐地纳入到自然生态系统的循环过程中,倡导的是一种与环境和谐的经济发展模式。它遵循“减量化、再利用、资源化”的发展原则,力争达到减少进入经济系统的物质量、以不同方式反复利用物质和废弃物再循环的目的,是一个“资源—产品—再生资源”的闭环反馈式流程。目前在我国,循环经济的实践和试点工作正在积极展开,各级部门和企事业单位不断探索循环经济的发展经验。学术界对循环经济的研究也十分关注,不同学科领域的专家从不同的角度对循环经济展开了深入系统的分析,并取得了大量的研究成果,有力地支持了循环经济在实践中的开展。总之,循环经济是未来我国经济发展的主要方向,呈现出蓬勃的生机和发展活力。

循环经济的发展必然呼唤相应统计核算体系的建立,因为发展循环经济是一项涉及面广、综合性很强的系统工程,要科学监测和评价循环经济的发展状况,需要有相应数据信息系统的支持,需要建立一整套设计合理、操作性较强的循环经济统计核算框架。只有在完善数据信息的基础上,才能全面准确地对循环经济的发展情况做出定量描述,客观地评估一个国家或地区的循环经济发展水平,才能制定出符合实际的循环经济发展目标和政策体系,确保循环经济的良性运行。同时,循环经济统计核算体系也是建立循环经济评价体系的基础。因此关于循环经济统计核算问题的研究具有十分重要的理论和现实意义。而我国目前关于循环经济统计核算问题的研究还未有效展开,很多学者虽然在循环经济的研究中提出应该尽快建立我国循环经济统计核算体系的建议,但鲜有学者系统地对循环经济的核算框架和体系进行探讨,关于构建循环经济统计核算体系问题的研究仅停留在提出阶段。实际统计部门也还未形成操作性强、系统的循环经济统计核算框架和体系,关于循环经济的统计核算工作大都集中在对现有的表征资源环境状况的若干统计指标的汇总计算上。

本书主要对我国循环经济统计核算问题展开研究,尝试构建比较完善系统的国家层面循环经济统计核算框架,全书共由九章组成。第一章导论部分,主要介绍了循环经济统计核算问题的研究背景和研究意义,主要研究内容和结构安排、研究方法等。第二章相关文献述评,主要综述了国内外循环经济的研究情况,分析了国内外循环经济研究的突出特点和不足之处,并对我国学者关于构建循环经济统计核算体系的基本提法进行了简要述评。第三章循环经济相关理论分析,主要对循环经济相关理论问题做必要阐述,包括循环经济的内涵、特征和发展原则,循环经济的运行机理、发展模式及与相关学科的关系,为后续的循环经济统计核算打下理论基础。第四章绿色 GDP 核算及物质流核算概述,主要对目前国内学术界提出的循环经济统计核算的两种基本核算模式——“绿色 GDP 核算模式”和“物质流核算模式”做简要评述,以探寻能够客观反映循环经济运行全貌、更具现实可操作性的核算模式。第五章我国循环经济统计核算总体框架的构建,提出了我国循环经济统计核算的总体框架,即从总体上看,采取账户体系与投入产出分析相结合的方式,分别从国家层面,区域层面、企业/家庭层面对循环经济的发展状况展开核算。第六章我国国家层面循环经济统计核算账户体系研究,综合、借鉴国外物质流核算的基本思想,结合我国实际,力求通过比较全面系统的记录和反映循环经济运行中的输入物质量、输出物质量及物质存量的变化情况,对经济过程中的物质流动进行系统的核算,达到监测和评价循环经济发展的目的。第七章我国国家层面循环经济投入产出分析研究,给出了我国国家层面循环经济投入产出分析的基本框架,力图清晰地展示经济系统内部的物质流动情况,弥补循环经济统计核算账户体系的不足。第八章实证测算部分,主要依据构建的国家层面循环经济统计核算账户体系展开实证分析,以反映我国 1995—2006 年循环经济发展的全貌。第九章研究结论及研究展望，主要对本书的主要研究结论进行系统概括，并提出循环经济统计核算的下一步研究方向。

本书是教育部新世纪优秀人才支持计划项目“循环经济视角下的经济增长质量评价问题研究”(NCET－07－0855)资助下的成果之一。由于作者水平有限，加之循环经济统计核算问题涉及的内容非常繁杂，既要注意核算框架的严密性，又要注意现实可操作性和与现有核算体系的衔接融合，难度很大。书中关于循环经济统计核算问题的探讨只是初步的、概略性的，难免有许多欠缺和不足，很多具体问题有待专门的深入探讨。在写作过程中，深感自身理论水平和实践经验的缺乏，只是希望本书在循环经济统计核算问题的研究领域能够起到“抛砖引玉”的作用，期待越来越多的学者和实际部门工作人员关注循环经济统计核算问题，尽快形成我国较为科学完善的循环经济统计核算实施框架，更好地服务于我国的循环经济发展。

本书得以出版，凝聚着众人的心血，包含着多方的支持。感谢教育部新世纪人才支持计划对项目研究和本书出版的资助！感谢统计学界各位专家学者的一贯支持和长期帮助！感谢中南财经政法大学统计与数学学院的各位领导和同仁！感谢各位从事循环经济及统计核算的专家、学者，使本书能够在其研究成果的基础上得以完成，参考文献和注释如有遗漏或标注不当，敬请谅解。感谢中国统计出版社的大力协助，尤其是陈悟朝主任、张赏编辑的辛勤工作！最后，衷心感谢所有关心和支持我们的朋友！

由于水平所限，书中错误和疏漏在所难免，不妥之处，敬请各位读者批评指正。

向书坚　平卫英

2010 年 5 月于武汉

目 录

第一章 导论

第一节 研究背景和意义

一、研究背景

在全球环境恶化、资源危机日益严重的情况下，实施可持续发展战略已经成为世界各国的共识。可持续发展的核心是社会经济发展与资源环境相协调，从传统的单纯追求数量增加的经济发展模式向注重发展质量和未来世代人福祉的可持续发展模式转变。而循环经济倡导通过优化物质在经济系统内部的循环和能量流动，减少资源输入和污染输出，实现经济系统和自然生态系统的和谐循环，在物质不断循环利用的基础上发展经济，是符合可持续发展战略的一种全新发展模式，也是实现可持续发展战略目标的重要途径。

循环经济作为一种全新的经济发展模式，与传统经济发展模式的显著区别在于：传统经济是一种由“资源—产品—污染排放”单向流动的线性经济，特征是高开采、低利用、高排放。而循环经济倡导的是一种与环境和谐的经济发展模式，要求把经济活动组织成一个“资源—产品—再生资源”的反馈式流程，特征是低开采、高利用、低排放。所有的物质和能源要能在不断进行的经济循环中得到合理和持久的利用，以把经济活动对自然环境的影响降低到尽可能小的程度①。

目前，循环经济已经在全球范围内广泛开展，成为一种新的世界潮流和趋势，深刻影响着人类社会的生产生活。我国是一个人口众多、资源相对匮乏、生态环境脆弱的国家，随着经济社会的快速发展，资源环境问题日益突出。从我国的基本国情和现实需要出发，必须贯彻实施可持续发展战略，加快发展循环经济，这是解决经济高速增长与生态环境日益恶化矛盾的根本出路。总的来看，我国发展循环经济的必要性主要体现在以下几个方面：

第一，发展循环经济，是缓解资源环境瓶颈制约，实施可持续发展战略的重要途径。改革开放以后，我国经济一直保持着高速增长的发展态势，但也必须看到，在持续多年的经济高增长率背后，是触目惊心的高能耗、高物耗和对环境的高损害。加之我国人口众多，因此面临着十分严峻的人口、资源和环境压力，在资源存量和环境承载两个方面都再也经不起传统经济发展模式下高强度的资源消耗和环境污染。如果继续实行传统的高消耗、高能耗、高污染的经济发展模式，只能延缓我国现代化的发展速度。而循环经济作为一种全新的经济发展模式，把发展经济与节约资源、保护环境结合起来，不仅开辟了资源综合利用、反复使用的新途径，促使资源利用效率显著提高，而且从资源消耗的源头减少了污染物的产生，是保护环境的治本措施。大力发展循环经济，可以将经济社会活动对自然资源的需求和生态环境的影响降低到最小程度，以最少的资源消耗、最小的环境代价实现经济的可持续增长，从根本上解决经济发展与资源环境之间的矛盾。

第二，发展循环经济，是构建社会主义和谐社会的重要保障。人与自然和谐发展，是和谐社会的重要组成部分。目前，在资源紧缺的同时，我国经济社会发展中还面临着环境污染、生态破坏等一系列问题，如水环境每况愈

---

① 曲格平.发展循环经济是21世纪的大趋势[A].循环经济要览[C].北京：航空工业出版社，2005：54—57.

下、大气污染严重、固体废物排放量日益增加、草地退化、水土流失、森林生态系统质量下降、生物物种锐减等等。“高消耗、低效率、高排放”的粗放式经济发展模式、经济利益和环境保护的冲突以及公众环保意识淡薄所带来的环境污染和环境破坏，不仅使经济发展蒙受了巨大损失，而且直接降低了人们的生活质量，威胁着人民群众的生命健康。而发展循环经济，从源头上遏制污染环境、破坏生态的现象，把经济社会活动对自然资源的需求和生态环境的影响降低到最小程度，才能促进经济社会与资源环境的协调发展，营造良好和谐的生存环境。

第三，发展循环经济，是建设资源节约型、环境友好型社会的客观要求。建设资源节约型、环境友好型社会，就是在科学发展观的指导下，在经济社会发展过程中坚持资源开发与资源节约并重，以提高资源利用效率为核心，加快结构调整，推进技术进步，加强法制建设，完善政策措施，建立健全促进资源节约型、环境友好型社会建设的机制，逐步形成资源节约型、环境友好型社会的消费模式，实现经济社会可持续发展。而发展循环经济，坚持减量化、再利用、资源化的原则，大力推进节能、节水、节地、节材，加强资源综合利用，全面推行清洁生产，将经济活动对资源环境的影响降到最低限度，是建设资源节约型、环境友好型社会的客观要求，也是落实全面协调可持续发展观的重大举措。

第四，发展循环经济，是提高经济效益的重要手段。循环经济的核心是以物质闭环流动为特征，运用生态学规律把经济活动重构组成一个“资源—产品—再生资源”的反馈式流程和“低开采—高利用—低排放”的循环利用模式，使得经济系统和谐地纳入到自然生态系统的物质循环过程中，最大限度地提高资源与能源利用率，从而降低生产成本，提高经济效益。

第五，发展循环经济，是应对新贸易保护主义的迫切需要。当前，资源环境因素在国际贸易中的影响日益凸显，发达国家对进口产品的环境标准和回收处理提出了更为严格的要求，我国不少产品往往因达不到标准要求而被拒之门外。发展节约环保产品，推行绿色贸易，不仅有利于扫清我国产品出口的技术障碍，也是我们应尽的国际责任和义务。

总之，发展循环经济是我国社会经济发展的必然选择。现阶段，政府对发展循环经济给予了前所未有的高度重视。循环经济的发展理念被贯穿到

“十一五”规划的编制工作中，2006 年公布实施的“十一五”规划纲要中明确提出：“坚持开发节约并重、节约优先，按照减量化、再利用、资源化的原则，在资源开采、生产消耗、废物产生、消费等环节，逐步建立全社会的资源循环利用体系。”党的“十七大”报告中也特别重视循环经济的发展，要求“基本形成节约能源资源和保护生态环境的产业结构、增长方式、消费模式。循环经济形成较大规模，可再生能源比重显著上升。主要污染物排放得到有效控制，生态环境质量明显改善。生态文明观念在全社会牢固树立。”在中央各项方针政策的指导下，各级政府和企事业单位均把发展循环经济作为当前工作的重点，积极展开循环经济实践和试点工作，在实践中不断探索循环经济的发展经验。学术界对循环经济的研究也十分关注，不同学科领域的专家从不同的角度对循环经济展开了深入系统的分析，并取得了大量的研究成果，有力地支持了循环经济的实践开展。总之，循环经济是未来我国经济发展的主要方向，呈现出蓬勃的生机和发展活力。

二、研究意义

虽然我国循环经济的理论探讨和实践发展都取得了较为丰硕的成果，但也存在一些盲点，如关于循环经济统计核算问题的研究和实践还未有效展开。目前很多学者在循环经济的研究中提出应该尽快建立我国循环经济统计核算体系的建议，但鲜有学者系统地对循环经济的核算框架和体系进行研究，关于构建循环经济统计核算体系问题的研究仅停留在提出阶段。另外，由于循环经济统计核算在监测、评价循环经济发展水平、提供循环经济发展各项数据信息上的重要作用，各级政府也非常关注循环经济统计核算问题的研究，在循环经济发展的相关指导性政策文件的制定中，都对循环经济统计核算的开展提出了具体要求。《国务院关于加快发展循环经济的若干意见》(国发〔2005〕22 号)指出，“发展改革委要会同统计局、环保总局等有关部门加快研究建立循环经济评价指标体系，逐步纳入国民经济和社会发展计划，并建立循环经济的统计核算制度。地方各级人民政府有关部门要积极开展循环经济的统计核算，加强对循环经济主要指标的分析。”但目前实际统计部门还未形成操作性强、系统的循环经济统计核算框架和体系，关于循环经济的统计核算工作大都集中在对现有的表征资源环境状况的若干统计指标的汇总计算上。

总之，理论和实践部门对循环经济统计核算问题的关注度在不断提升，但相关研究还仅处于起步阶段，有很大的研究空间。我们应该看到，循环经济的发展必然呼唤相应统计核算体系的建立。因为发展循环经济是一项涉及面广、综合性很强的系统性工程，要科学监测和评价循环经济的发展状况，需要有相应数据信息系统的支持，需要建立一整套设计合理、操作性较强的循环经济统计核算框架。只有在完善数据信息的基础上，才能全面准确地对循环经济的发展情况做出定量描述，客观地评估一个国家或地区的循环经济发展水平，才能制定出符合实际的循环经济发展目标和政策体系，确保循环经济的良性运行。同时，循环经济统计核算体系也是建立循环经济评价体系的基础。因此关于循环经济统计核算问题的研究具有十分重要的理论和现实意义。本书主要对我国循环经济统计核算问题展开研究，尝试构建比较完备的我国国家层面的循环经济统计核算整体框架，以不断完善我国现有的国民经济核算体系，科学地认识和评价我国循环经济的发展进程和水平，对循环经济运行实施有效监控，实现经济、社会和环境协调发展的循环经济实践模式，使经济系统和谐地纳入自然生态系统的物质循环过程之中。

第二节 研究内容与框架安排

本书主要对我国循环经济统计核算问题展开研究，尝试构建比较完善系统的国家层面循环经济统计核算框架，为实现对循环经济发展的有效监控和统计分析服务。全书分为九个部分，各部分的主要内容和观点如下。

第一章是导论部分。主要分析了循环经济统计核算问题的研究背景和研究意义，主要研究内容和结构安排、研究方法以及研究特色。

第二章是相关文献述评。主要对国内外循环经济的研究情况进行了系统概括，分析了国内外循环经济研究的突出特点和不足之处，并对我国学者关于构建循环经济统计核算体系的基本提法进行了简要述评，现有研究中普遍的看法是通过实施绿色 GDP 核算对循环经济的发展进行综合分析和评价。

第三章是循环经济相关理论分析。主要对循环经济相关理论问题做必要阐述，主要包括循环经济的内涵、特征和发展原则，循环经济的运行机理、发展模式及与相关学科的关系，为后续的循环经济统计核算打下理论基础。

第四章是绿色 GDP 核算及物质流核算概述。主要对目前国内学术界提出的循环经济统计核算的两种基本核算模式——“绿色 GDP 核算模式”和“物质流核算模式”做简要评述，以探寻能够客观反映循环经济运行全貌、更具现实可操作性的核算模式。

第五章是我国循环经济统计核算总体框架的构建。这部分提出了我国循环经济统计核算的基本框架。首先明确了循环经济统计核算的主要目的——为循环经济的评价和分析提供翔实可靠的数据信息资料、对循环经济的发展实施有效的监控以及为管理决策部门提供良好的咨询服务。只有明确循环经济统计核算的目的，才能构建具有针对性、切实可行的循环经济统计核算框架。这部分还简要概括了循环经济统计核算框架设计应遵循的基本原则——整体性原则、层次性原则、衔接性原则、可操作性原则和导向性原则。其次紧扣循环经济的本质和运行机理，结合循环经济统计核算的基本目的和核算框架设计原则，借鉴社会代谢理论的物质流分析框架，综合考虑我国现有国民经济核算体系的口径和实施情况，提出了我国循环经济统计核算框架的构建思路。即从总体来看，采取账户体系与投入产出分析相结合的方式，分别从国家层面、区域层面、企业/家庭层面对循环经济的发展状况展开核算。最后对构建的循环经济统计核算框架与现有国民经济核算体系的关系做了必要的阐述。总的来说，本书构建的循环经济统计核算框架属于资源环境实物量核算的范畴，不涉及价值量核算的内容，相对来说自成体系，既可以与现有国民核算体系衔接，也是对绿色国民核算实物量核算部分的扩展。

第六章是我国国家层面循环经济统计核算账户体系研究。这一章综合、借鉴国外物质流核算的基本思想，结合我国实际，针对国家层面的循环经济统计核算账户体系展开研究。力求通过比较全面系统地记录和反映经济运行中的输入物质量、输出物质量及物质存量的变化情况，对经济过程中的物质流动进行系统的核算，达到监测和评价循环经济发展的目的。这部分首先科学界定了国家层面循环经济统计核算账户体系的基本核算原则、系统边界以及核算周期，并提出了循环经济统计核算账户体系的基本核算思路。其次对国家层面循环经济统计核算中涉及的基本概念和项目分类做出了统一的定义和说明。接着借鉴物质流核算的基本思想，构建了包含11个子账户的国家层面循环经济统计核算账户体系，它们分别是：直接物质投入账户、国内物质消耗账户、实物贸易平衡账户、国内直接物质排放账户、存量净增账户、物质存量核算总表、物质流动平衡账户、国内未使用开采账户、隐藏流的贸易平衡账户、物质需求总量账户和物质消耗总量账户。第六章还详细探讨了国家层面循环经济统计核算账户体系提供的各项分析功能，系统介绍了国家层面循环经济统计核算账户体系提供的各项总量分析指标和衍生指标以及如何利用相关指标进行环境压力分析和环境库兹涅茨曲线应用。另外，还在循环经济统计核算账户体系的基础上，借鉴核算框架提供的各项分析指标，给出了我国循环经济评价指标体系的初步设计思路。

第七章是我国国家层面循环经济投入产出分析研究。这一章给出了我国国家层面循环经济投入产出分析的基本框架。由于国家层面的循环经济统计核算账户体系主要对经济系统的输入、输出物质量以及物质存量进行核算，对经济系统内部的物质流量和流向缺乏监测。因此为了能够清晰地展示经济系统内部的物质流动情况，需要利用投入产出分析技术对经济系统内部的物质流动特征做进一步的分析，弥补循环经济统计核算账户体系的不足。这部分首先对投入产出分析技术的基本原理和应用情况进行了简要介绍，其次依据物质在经济系统内的流动路径对循环经济投入产出表涉及的宏观部门分类和物质分类进行了定义，并对循环经济投入产出表的关键性假定做了必要的介绍。接着在循环经济投入产出部门分类、物质分类及相关假定的基础上，给出了我国国家层面循环经济投入产出表的基本表式，并详细探讨了循环经济投入产出表蕴含的基本平衡关系以及具有的各项分析功能。最后对构建的国家层面循环经济投入产出分析框架的特点和应用前景以及不足之处进行了阐述。

第八章实证测算部分，由于数据资料获得的限制，主要依据构建的国家层面循环经济统计核算账户体系展开实证分析。这部分首先对国家层面循环经济统计核算账户体系涉及的各项总量指标展开实证测算和分析，以反映我国1995～2006年循环经济发展的全貌。其次从效率和强度的角度出发,实证测算了国家层面循环经济统计核算账户体系涉及的各项衍生指标,从而更加客观地反映我国循环经济的发展水平和程度。接着用经济系统的物质吞吐量来表征环境压力,给出了我国1995～2006年环境总压力的变化情况,并简要分析了这一阶段经济增长和生态环境压力的基本关系和特征。相关实证结果显示:我国各项物质投入、物质消耗指标和物质排放指标的绝对数量于1995～2006年均在持续增加,但从相对减量化的角度考察,我国物质投入、物质消耗以及物质排放的绝大多数指标均符合相对减量化的要求,经济发展中资源的循环利用水平也在不断上升。从整体上看,我国目前循环经济的发展水平较低,还仅处于初级阶段,需要在经济生产和生活中进一步努力提高各种资源的利用效率,降低环境总压力和环境污染的破坏程度,积极采取各项措施推动我国循环经济发展。最后提出了营造良好的循环经济发展环境、建立和完善循环经济科技支撑体系、依法促进循环经济发展、充分发挥政府的主导作用以及加大公众的参与程度等政策建议。

第九章研究结论及研究展望,主要对本书的主要研究结论进行了系统概括,并提出循环经济统计核算的下一步研究方向。

本书的研究结构如图1—2—1所示。

第三节　研究方法及研究特色

一、研究方法

(一)系统分析方法

科学合理的循环经济统计核算账户体系以及循环经济投入产出分析框架的构建是一项非常复杂的工作,在研究中必须借鉴系统学、层级学等先进科学的分析方法,才能保证整个核算框架的全面性和连贯性。例如在循环经济统计核算中,既要对进入和排出经济系统以及经济系统内的物质存量进行全面系统的记录和测算,也要对经济系统内部的物质流动过程和特征进行监测和分析,这样才能达到对循环经济进行科学核算和评价的基本目的。

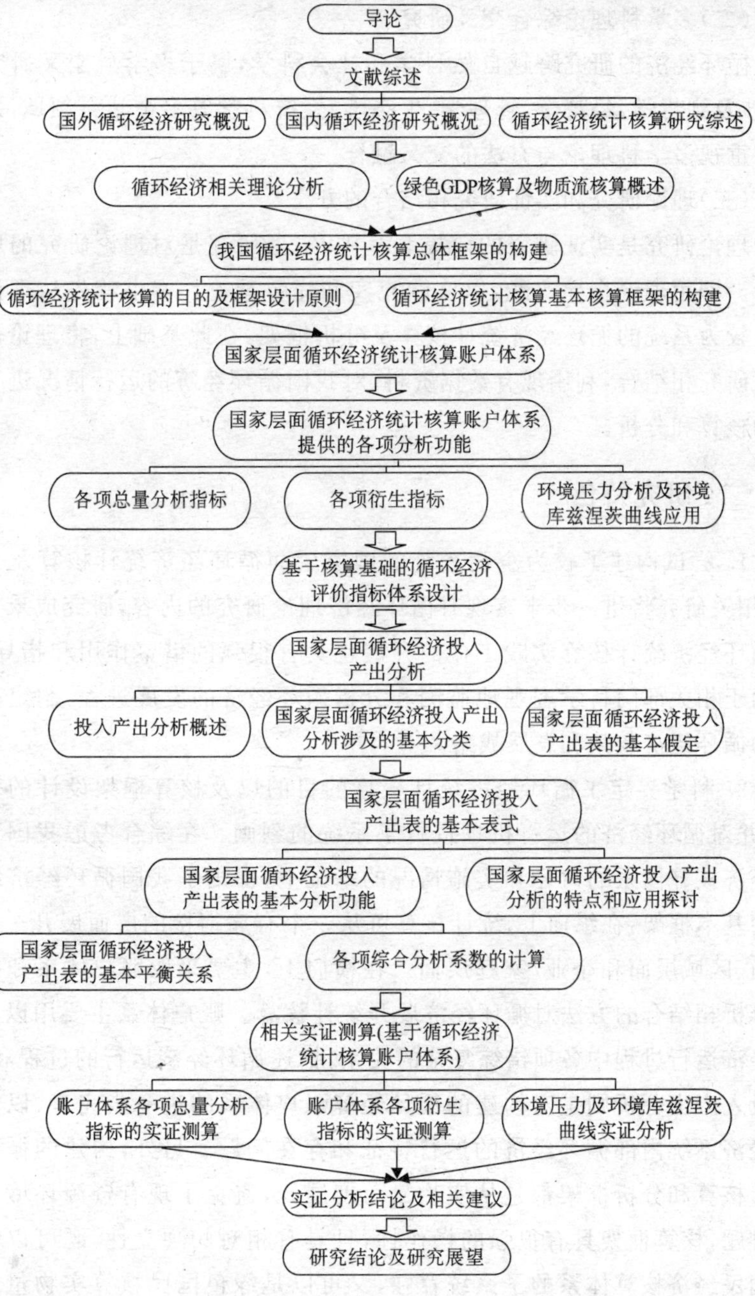

图 1—2—1　论文的研究结构图

(二)多学科理论综合交叉研究

循环经济的研究跨越自然科学和社会科学,属于多学科交叉研究的内容,涉及到哲学、经济学、管理学、生态学、系统科学等多个学科领域,研究中需要重视多学科理论与方法的交叉融合。

(三)理论研究和实证研究相结合的方法

理论研究是实证研究的前提和基础,实证研究是对理论研究的应用和检验。即用理论指导实践,以实践充实和完善理论。本书首先从理论上构建了较为系统的循环经济统计核算及分析框架,在此基础上,将理论研究和实证研究相结合,利用现有数据资料,对我国循环经济的运行情况进行了初步的核算和分析。

二、研究特色

1. 尝试构建了较为全面系统的国家层面循环经济统计核算及分析框架,相关研究将进一步丰富现有循环经济理论研究的内容,研究成果对于我国循环经济统计核算实践工作的开展也具有很强的借鉴作用和指导意义,有助于相关部门科学客观地监测和分析循环经济的发展进程,制定科学合理的循环经济政策和发展战略。

2. 科学界定了循环经济统计核算的目的以及核算框架设计的基本原则,并对循环经济的运行机理进行了系统的刻画。在综合考虑我国现有国民经济核算体系的口径和实施情况的基础上,提出了我国循环经济统计核算的基本框架:在纵向上,统计核算可从三个有序衔接的层面展开——国家层面、区域层面和企业/家庭层面。在横向上,主要采取账户体系和投入产出分析相结合的方法对循环经济展开统计核算。账户体系主要用以反映循环经济运行过程中各项错综复杂的关系,描述循环经济运行的过程和全貌。而投入产出分析则是对构建的循环经济账户体系的进一步完善,以深入挖掘经济系统内部循环经济的运行特征和存在问题。另外,构建的循环经济统计核算和分析框架都是从实物量角度展开,避免了现有资源环境价值化的难题,核算框架具有很强的操作性,且具有相对的独立性,既可以作为现有国民经济核算体系的子系统存在,又可以是绿色国民核算实物量核算部分的进一步拓展。

3. 国家层面循环经济统计核算账户体系的构建主要借鉴欧盟《指导手册》推广的物质流核算框架的基本思想，并结合循环经济的本质和运行机理进行了必要的改造和创新。构建的循环经济统计核算账户体系将再生利用物质总量与废弃物的回收利用情况纳入到账户体系的分析中，而以往的物质流核算框架中都没有体现这一点。因为要通过对经济系统中物质流动状况的追踪分析反映循环经济的发展概况，就不能不考察废弃物的回收和再利用，经济系统中初次使用的物质总量与再生利用物质总量在物质应用特点上没有任何区别，单纯地核算初次使用的物质总量不能说明物质流动的实际情况，也不能反映循环经济关注"物质循环"的核心思想。

4. 提出的国家层面循环经济投入产出分析的基本框架，是对传统投入产出分析核算框架的进一步完善。传统投入产出分析核算只涉及所有资源的消耗总量，将使用的循环资源不加区分地并入资源的总消耗中。而循环经济投入产出核算注重反映物质的循环利用过程，力图清晰地描述出物质的使用情况、产品的生产情况、废弃物的排放及回收情况以及废弃物向循环资源的转化情况，达到完整地描述经济系统物质循环过程和特征的目的。

5. 在现有数据资料的基础上，对国家层面的循环经济运行情况进行了初步的核算和分析，研究结论有助于认识我国循环经济的发展状况及存在问题。

第二章 相关文献述评

第一节 国外循环经济研究概述

查阅国外相关研究文献可以发现,"循环经济"(Recycled/Recycling/Circular economy)这个名词在国外文献中出现的很少,原因在于国外关于循环经济的相关研究大都没有冠以循环经济之名,研究成果分散在诸多与可持续发展密切相关的研究中。世界银行 2004 年 8 月发布的题名《Circular Economy——An interpretation》的经济分析报告中提到:"如果用 Google 搜索一下 Circular Economy,我们就会发现 10 个热门网站中有九个与中国有关,另一个与德国有关"。

国外学术界虽然很少有人对循环经济进行系统研究,但与循环经济相关的理论和技术在发达国家已经得到了广泛的开展和运用,包括与发展循环经济相关的清洁生产、绿色设计、生态恢复、环境保护、生态补偿、环境税法等技术和制度都已经比较完备。这些研究成果虽然没有被统一纳入到循环经济名下,但对我国开展循环经济理论和实践研究具有重大的借鉴价值。

一、研究概况

从理论渊源上看，最早对生产过程中废弃物的循环利用进行系统分析的是马克思。在分析资本循环与利润率变化时，马克思认为：生产废料再转化为同一个产业部门或另一个产业部门的新的生产要素，即所谓生产排泄物再回到生产从而消费（生产消费或个人消费）的循环中，是生产条件节约的一个途径。虽然马克思没有使用“循环经济”一词，但从他的一系列分析中可以得到三点理论启示：一是废弃物的循环利用是资本循环过程中的生产条件节约途径；二是废弃物的循环利用应该建立在规模经济的基础之上；三是废弃物的循环利用是一种资本逐利的行为。显然，马克思是从节约资源从而节约资本和提高利润率的角度来认识资源和废弃物循环利用的，并没有把循环利用废弃物与环境保护和减少污染联系起来①。

20 世纪 60 年代，一批专家学者开始关注、研究资源环境问题，呼吁人们更多地关注生态环境。1962 年美国生态学家卡尔逊（Carson Rachel）出版了《寂静的春天》一书，向人类揭示了环境污染对生态系统和人类社会产生的巨大破坏作用，指出了生物界以及人类所面临的危险，有力地推动了公众参与的环境保护运动的开展。1965 年美国经济学家肯尼斯・波尔丁（Kenneth Barlding）提出了“宇宙飞船理论”，被认为是循环经济的理论萌芽。波尔丁认为地球就像太空中飞行的宇宙飞船，靠消耗自身有限的资源生存，如果人们像过去那样不合理地开发资源和破坏环境，超过了地球的承载能力，就会像宇宙飞船那样走向毁灭。因此，“宇宙飞船理论”要求人类社会的经济活动从效法以“线性”为特征的机械论规律，转向效法以“反馈”为特征的生态学规律，要求以新的“循环式经济”代替旧的“线性经济”。“宇宙飞船理论”将经济系统视为一个与外部世界有着密切联系和交换的开放的系统，倡导建立既不会使资源枯竭，又不会造成环境污染和生态破坏、能循环使用各种物质的“循环式”经济发展模式，在当时具有很强的理论超前性。

20 世纪 70 年代爆发的两次世界性能源危机，使经济增长与资源短缺之间的矛盾日益凸显，引发了人们对经济增长方式的深刻反思与探索。

---

① 齐建国．我国循环经济的理论与实践综述[N]．人民日报，2006 年 6 月 9 日第 15 版．

1972年,巴里·康芒纳(Barry Commoner)在《封闭的循环》一书中指出,人类发展过程作为地球生态圈生态过程的有机组成部分,必须遵循生态学的四法则:第一,每一种事物都与别的事物相关,不能孤立地看待资源和环境问题。第二,一切事物都必然有其去向。环境污染就是人类未考虑生态法则,产生了大量不能被自然吸收的有害物质,并使其不断积累而造成的。第三,自然界所懂得的是最好的。自然中产生的东西,是自然所能理解的,因而对自然是无害的。第四,没有免费的午餐。由人类的力量从自然界获取的东西,都要以某种形式放回原处。康芒纳认为,解决环境问题要遵循生态学的规律,在人类生产的技术方式上,建立一种封闭的机制,从而减少人类物质财富生产对自然系统的污染和破坏。

受罗马俱乐部①的委托,以麻省理工学院丹尼斯·米都斯(Dennis L. Meadows)为首的研究小组,针对长期流行于西方的高增长理论进行了深刻反思,并于1972年提交了罗马俱乐部成立后的第一份研究报告《增长的极限》②,深刻阐明了环境的重要性以及资源与人口之间的基本联系。报告认为:由于世界人口增长、粮食生产、工业发展、资源消耗和环境污染这五项基本因素的运行方式是指数增长而非线性增长,全球的增长将会因为粮食短缺和环境破坏于下世纪某个时段内达到极限。继而得出了要避免因超越地球资源极限而导致世界崩溃的最好方法是限制增长,即"零增长"的结论。由于种种因素的局限,其结论和观点存在十分明显的缺陷。但是,报告所表现出的对人类前途的"严肃的忧虑"以及对发展与环境关系的论述,具有十分重大的积极意义。同年在斯德哥尔摩召开的有114个国家参加的第一次"人类与环境会议"通过的《人类环境宣言》,1980年国际自然资源保护联合会(IUCN)、联合国环境规划署(UNEP)和世界自然基金会(WWF)共同发表的《世界自然大纲》,1987年世界环境与发展委员会(WCED)《我们共同的未来》以及一系列重要纲领性文件的发表,都为循环经济理论的形成和发展奠

---

① 1968年,来自世界各国的几十位科学家、教育家和经济学家等学者聚会罗马,成立了一个非正式的国际协会——罗马俱乐部(The Club of Rome),其工作目标是关注、探讨与研究人类面临的共同问题,使国际社会对人类困境包括社会的、经济的、环境的诸多问题有更深入的理解,并提出应该采取的能扭转不利局面的新态度、新政策和新制度。

② 李宝恒译.增长的极限——罗马俱乐部关于人类困境的研究报告[M].成都:四川人民出版社,1984.

定了坚实的基础。

1990 年,英国环境经济学家皮尔斯(D. Pearce)和特纳(R. K. Turner)在《自然资源和环境经济学》一书中根据物质平衡原理,利用工业代谢分析工具,首次使用了循环经济来定义资源的循环利用。皮尔斯和特纳认为经济活动是在一个资源和承载力有限的全球自然系统中进行的,人类应该协调好经济与环境的关系,从而保证整个环境经济大系统的良性循环。但皮尔斯和特纳对循环经济所做的科学阐释,并没有引起国际社会的关注和积极响应。直到 1992 年世界环境与发展大会之后,随着可持续发展战略在全球达成共识,循环经济的战略地位才得以确立。许多发达国家把发展循环经济作为实施可持续发展,实现环境与经济协调发展的重要途径和实现方式。

现有的一些研究主要从生态经济、资源循环利用等角度为切入点展开对循环经济的探讨,较有代表性的几种理论和思想有:

清洁生产(Cleaner Production)理论①——清洁生产最先由联合国环境规划署于 1989 年推出并推动,并在 1998 年的第五次国际清洁生产研讨会上对其定义作了进一步的完善,"清洁生产是指将综合预防的环境策略持续地应用于生产过程中,以便减少对环境的破坏。"并从生产过程、产品和服务三个角度进行了更为具体的论述。美国环保局对清洁生产的理论有所发展,提出了属于清洁生产领域的污染预防和废物最小化概念。清洁生产是工业实施可持续发展战略的标志,是循环经济理念在企业层级上的指导理论,实质是一种"生态化"、"绿色化"的工业生产模式。目前清洁生产理论是循环经济体系中发展最完善,实践最广泛的理念之一。

产业共生(Industrial Symbiosis)理论与产业生态(Industrial Ecology)理论。John Ehrenfeld 和 Nicholas Gertler(1997)通过对丹麦卡伦堡市企业的研究指出:企业间可相互利用废物,以降低环境的负荷和废物的处理费用,建立一个共生系统,进而提出了产业共生理论。一般认为,产业共生是指通过不同企业间的合作,共同提高企业的生存能力和获利能力,同时,通过这种共识实现对资源的节约和环境保护。这里产业共生的核心是相互利

① 张凯,崔兆杰编著.清洁生产理论与方法[M].北京:科学出版社,2005:20—30.

用副产品的产业合作关系，参与产业合作关系的企业组成产业生态系统，该系统是由参与产业合作关系的企业按某种模式构成的各种关系的集合。其中参与产业合作关系的企业称为共生单元，合作模式称为共生模式，企业合作所处的环境成为共生环境，三者共同构成了产业共生的三要素[①]。产业生态理论是美国通用汽车研究部的 Frosch 和 Gallopoulos 于 1989 年在《科学美国人》发表的《制造业战略》[②]一文中首次提出的。其核心理念是将生态学的理论和方法，用在工业生产体系的设计中，将工业生产过程类比成生态系统中的一个封闭体系。这样，彼此相近的工业企业就可以形成一个相互依存、类似于自然生态中食物链的"工业生态系统"。而 Braden R. Allenby (1994)更进一步指出，一个理想的工业生态系统应包括资源开采者、处理者(制造商)、消费者和废料处理者。由于集约再循环，各个系统内不同行为者之间的物质流远远大于出入生态系统的物质流。Frosch 与 Gallopoulos (2004)进一步提出了更为广泛的产业生态系统方法，不仅包括改变制造产业而且包括人类需求和消费模式的改变，以及产品购买使用后的处理方法和政府规制。[③]

生态工业园(Eco-Industrial Park，简称 EIP)理论[④]——生态工业园是产业共生理论与产业生态理论的具体实践，Emcat Lowe(1996)认为生态工业园区是一个由制造业企业和服务业企业组成的群落，并指出生态工业园区最重要的特点是行业内部和行业之间的合作以及与自然环境的互动。此外 Lowe(1998)还建议在生态工业园内成立再生投资公司，对网络中的物资获取、流动和再利用等活动进行协调。Ayres(1995)认为生态工业园区至少应该包括一个主要公司作为"支撑"企业，这类公司向能利用其废物流中有用部分的更多企业供给废物，进行市场交易；这些更多的企业再与几个将废物转变成可用产品的"卫星"企业相联系。而 Handfield R. B. (1996)指出生态工业园区生态系统的效率取决于系统结构的协调程度和系统功能的流畅程

---

① 王寿兵，吴峰，刘晶如. 产业生态学[M]. 北京：化学工业出版社，2006：26.

② Frosch R. A.， Gallopoulos N. E. Strategies for Manufacturing [J]. Scientific American. 1989，261(3)：94－102.

③ 王贵明，邓伟根. 产业生态与产业经济关系研究[J]. 工业技术经济，2008，27(6)：57－60.

④ 王兆华，武春友. 生态工业园：我国工业可持续发展战略抉择[J]. 科技进步与对策，2002(11)：23－28.

度。Martin(1998)等人将评价EIP经济和环境效益的方法应用于不同类型的EIP,并认为EIP能较好地改善工业区的经济和环境效益。Heeres(2004)通过比较荷兰与美国的EIP运行境况,认为荷兰的EIP比美国的更稳定是由于政府干预的少,从而得出政府与EIP的关系。Majumdar则在2001年指出了七种影响EIP稳定的因素:制度、技术、经济、信息、组织、法律和认知。需要指出的是,目前多数研究定位在生态工业园的规划和开发上,很少有人对超越工业园区范围(如城市层次)的生态工业系统做深入研究。

零排放(Zero Emissions)理论①——零排放理论是日本联合国大学校长助理Gunier Pauli(1994)提出,并于1995年在零排放世界会议上公布,其主要内涵并不是单纯意义上的零废弃物,而是把废物作为生产的原材料使用。零排放的六项行动原则是:对于可再生资源,消耗量不能超过再生量;对于不可再生资源,在扩大生产的同时,应开发可再生的绿色替代资源,且消耗量应与产量相适应;排放的废弃物不能超出自然界的允许限度;在经济活动和日常生活中,尽可能实现非物质化;谋求地上资源的有效利用、将环境成本内部化,建立环境效率高的市场经济。

逆生产(Inverse Manufacturing)理论②——逆生产理论是在1996年由日本东京大学提出的一种循环社会理论。其特点是通过产品拆卸、分类、翻新和处理使其达到一定的质量要求,最大限度地保留部件原有特性,以便再装配和重新销售,以此从根本上解决废物的循环利用问题。

商业生态学(Business Econology)理论③——商业生态学理论是由Paul Hawken于2001年提出的,他认为传统工业经济存在着严重的弊端,应建立与可持续发展相适应的健康商业。Hawken的循环经济思想主要体现在他对商业活动生态化转向的研究,“所谓商业的生态学模式,是指任何废物对于别的生产方式都存在价值,因此一切都可以回收、重新利用和循环再生。”可见,Hawken所说的商业的生态学模式,就是我们所说的循环经济模式。他认为,通向可持续发展有三条途径:服从“废物等于食物”的原则,在工业

① 龚静.“零排放”与生态城市[J].中外建筑,2004(6).

② 论国外循环经济理论与实践.厦门循环经济网 2006年7月,http://xmxh.smexm.gov.cn/2006-7/2006727154632.htm

③ (美)保罗·霍肯.商业生态学[M].上海:上海译文出版社,2001.

生产中完全彻底的消灭废物，即循环经济的途径；从一个建立在碳的基础上的经济转变为一个以氢和阳光为基础的经济；建立起支持和加强恢复性行为的反馈体系和责任体系。

自然资本(Natural Capital)理论[①]——自然资本理论由艾默里·洛文斯(Amory B. Lovins)于2000年提出，艾默里·洛文斯认为，在通往自然资本论的进程中，商业经营模式会发生四个方面的变化：第一，大大提高自然生产率，以减少对自然资源的使用；第二，转向在生物学上受到鼓励的生产模式，即循环经济模式；第三，转向循环经济所倡导的职能经济或服务型经济；第四，对自然资本再投资。

“控制等同于失控”思想[②]——巴里·康芒纳(Barry Colnmoner)在2001年以美国为研究对象，分析了导致资源未能完全实现循环利用的经济及技术因素，对当前发达国家治理污染所采取的“市场刺激”手段提出质疑，认为问题的根源在于资本主义的“自由企业制度”。在对待污染物的问题上，预防胜于控制，因为控制的结果最终必然是失去控制，因此应采取多种措施促进资源的循环利用并从源头预防污染。

“垃圾循环经济”[③]——艾瑞克·戴维森(Erica. Davidson，2003)认为目前对垃圾处理普遍采用的“事后补救回收方式”并不能彻底解决问题，反而会衍生出其它新的问题。产品应采用“内建式(built-in)回收设计”以彻底解决垃圾问题。人类应多投入一点“心力”来预防资源和环境的耗竭与污染，远胜过将来耗费更长的时间、更多的资源来进行“化疗”。

在针对不同资源的循环利用方面，Stusrt Ross(2002)、John E. Tilton(1999)、Sujit Das(1995)等人[④⑤⑥]分别对电冰箱、塑料包装材料、金属、美国的汽车、欧洲的金属铜、日本的纸张这些产品和资源的循环利用策略进行了

① (美)艾默里·洛文斯.自然资本论导读(上、中、下)[M].世界科学，2000年第8、9、10期.

② (美)巴里·康芒纳.与地球和平相处[M].上海：上海译文出版社，2001:36.

③ (美)艾瑞克·戴维森.生态经济大未来[M].汕头：汕头大学出版社，2003.

④ Ross，Stuart，Evans，David. The Environmental Effect of Reusing and Recycling：A Plastic-Based Packaging system [J]，Journal of Cleaner Production，2003，11 (5):561－571.

⑤ Tilton，John E. The Future of Recycling [J]，Resources Policy，1999，25(3):197－204.

⑥ Das，Sujit，Curlee，T. Randall and Rizy，Colleen G.，Automobile Recycling in the United States：Energy ImPacts and Waste Generation [J]，Resources Conservation and Recycling，1995，14 (3－4):265－284.

研究，策略的共同点都包含价格手段、命令控制手段和产品生命周期评价等管理手段。G. Davis 和 J. H. Song(2006)指出，过去包装物难于再循环与再利用的主要原因是因为其构成物质复杂且污染程度不同。用谷物等可循环使用材料制造的可降解包装，已经大大缓解了这一问题。

另外，为了使循环经济的研究具有经济学的逻辑过程，一些经济学家探讨如何从价格、制度等方面改变市场环境、修正经济学模型，以对循环经济背景下的经济主体的经济行为及其关系做出合理的解释①。在传统经济模型中，资源、生态环境都是经济系统的外生变量，一般认为是没有价值的，所以不可能参与经济系统的价值循环，这样的经济模型设定使生产者和消费者缺乏循环利用资源与有效处理废物的经济动机。因此迫切需要界定自然资源和污染的"价格"，通过社会成本内部化逐步形成循环经济自运行的动力。相关研究主要从两个方面展开：微观经济体经济行为的研究和宏观经济模型的研究。微观经济体经济行为的研究为循环经济的发展奠定了微观基础，而宏观经济模型的研究考察不同生产部门之间、生产与消费部门之间在循环经济背景下的交换、分配，将循环经济纳入宏观动态研究框架中加以考察。

二、国外循环经济研究的主要特点

（一）研究成果的应用性

国外对循环经济的研究主要从清洁生产技术、产业共生、废弃物回收利用等多个角度展开，相关研究比较侧重于具体行业和领域循环经济的应用和实践，对循环经济这种经济发展模式本身的理论性研究较少，研究成果非常分散，没能形成较为系统的循环经济理论体系，使得循环经济的理论研究严重滞后于实践发展，不利于循环经济在整个社会经济系统的有序展开。

（二）研究层次的递进性

综合来看，国外循环经济的研究和实践主要从以下三个有序衔接的层面展开。第一个层次可以概括为企业层面的小循环，即通过推行清洁生产、资源和能源的综合利用，组织企业内各工艺之间的物料循环，延长生产链条，减少生产过程中物料和能源的使用量。第二个层次是区域层面的中循

① 陈硕颖.国外循环经济研究状况述评及其对我国的启示[J].中共杭州市委党校学报，2007(3)：76—80.

环,即倡导发展生态工业园区。生态工业园区是依据循环经济理念和工业生态学原理设计建立的一种新型工业组织形态,通过企业间的物质集成、能量集成和信息集成,形成产业间的代谢和共生耦合关系,以减少废物的产生量和处理费用,达到较好的经济效益,形成经济发展和环境保护的良性循环。第三个层次是社会层面的大循环,即推进区域循环经济发展,通过废弃物再生利用,实行可持续生产和绿色消费,实现社会、经济系统高效、和谐的良性循环。研究层次的全面性利于循环经济的有效开展。

(三)研究参与主体的广泛性

国外参与循环经济研究的主体非常广泛,有微观层面的企业、担负宏观调控职能的政府、各种社会组织以及来自各个学科领域的学者。企业的研究着重于根据环保要求,不断改进产品的生产过程,努力向清洁生产、绿色设计迈进,得到企业内部和企业之间再利用、再循环、减量化物质资源的一系列实践经验。政府从立法、行政措施、宣传和监督等多个方面,建立健全实施循环经济的政策体系,为循环经济提供制度保障。还有各种非盈利社会中介组织或直接参与循环经济实践,或整合社会资源宣传、倡导循环经济理念。更有来自各个学科的学者对循环经济的企业生产实践和政府的政策实践进行全方位的理论分析。

总的来看,国外关于循环经济的研究是广泛而深入的,虽然大多数研究没有冠以循环经济之名,但却有循环经济之实。不足之处如前所述,关于循环经济本身的理论研究不够系统深入,现有研究多从发展循环经济的技术层面展开,未能形成循环经济整体系统的理论框架。循环经济首先是一种经济活动,所以有必要用经济学来阐述循环经济运行中的基本规律,赋予循环经济以经济学的逻辑过程,给循环经济以内生化和自运行的动力,从而确保循环经济的操作模式长期有效。

第二节　国内循环经济研究概述

最近一些年,国内关于循环经济的研究进展较为迅速,循环经济的研究已经由观念传播、概念阐述阶段发展到理论体系的建构阶段,许多学者对于循环经济的内涵、发展原则、运行机理及实践应用等方面进行了较为深入的研究。但是，总体而言，在理论研究方面，还未能形成一个较为完整的循环经济理论支撑体系。

一、研究概况

（一）循环经济的理论基础、学科特征和研究方法

以生态学为基础的生态经济学和产业生态学以及借助经济学方法的资源环境经济学和可持续发展经济学被多数学者视为循环经济的理论基础。由于应用经济学主要是指应用理论经济学的基本原理研究国民经济各个部门、各个专业领域的经济活动和经济关系的规律性，或对非经济活动领域进行经济效益、社会效益的分析而建立的各个经济学科。循环经济是对循环经济运行规律的认识、概括、总结和理论抽象，并直接指导和应用于实践，因此从循环经济的研究对象和研究目的来看，循环经济应属应用经济学的范畴。循环经济学的建立，需要对现代经济学在“扬弃”的基础上进行理论创新，是具有交叉学科性质的应用经济学。循环经济学的学科性质和特点决定了将采用的研究方法，其突出的实用性要求采用规范分析与实证分析相结合、理论探讨和实例分析相结合的方法，以期对现实循环经济运行的实际情况与发展趋向进行切合实际的分析。

（二）循环经济的内涵及特征

循环经济一词并不是国际通用或普遍流行的术语，这个概念于 1998 年引入中国，是翻译德国颁布的《循环经济和废弃物管理法》而得出的，当时是作为物质闭路循环（Closing Matierials Cycle）的简称出现的。目前，关于循环经济的定义在我国有很多种，总体来看，主要是从以下三个方面来阐述循环经济的内涵和特征。

1. 从人与自然环境的关系来定义循环经济

诸大建（1998）认为循环经济是针对工业化运行以来高消耗、高排放的线性经济而言的。循环经济要求把经济活动组织成“自然资源—产品和用品—再生资源”的反馈式流程，所有的原料和能源都能在这个不断进行的经济循环中得到最合理的利用，从而使经济活动对自然环境的影响控制在尽可能小的程度。张仁俐等（2001）认为循环经济以保护环境为前提重构经济行为，以恢复人类与环境的和谐关系为目的。张思锋，张颖（2002）综合已有

观点，认为循环经济的含义应当是：以可循环资源为来源，以环境友好的方式利用资源，保护环境和发展经济并举，把人类生产活动纳入自然循环过程中，把经济活动对自然环境的影响控制在尽可能小的程度。

2. 循环经济本质上是一种生态经济

曲格平(2001)认为，循环经济就是一种与环境和谐的经济发展模式，本质上是一种生态经济，要求运用生态学规律来指导人类社会的经济活动。赵亚凡，宋明大(2002)认为循环经济是按照生态规律利用自然资源和环境容量，实现经济活动的生态化转向，本质上是一种生态经济，是把清洁生产和废弃物的综合利用融为一体，倡导在物质不断循环利用的基础上发展经济。李赶顺(2002)认为循环经济是以物质、能量梯次和闭路循环使用为特征，在环境保护上表现为污染的"低排放"甚至"零排放"，并把清洁生产、生态设计和可持续消费等融为一体，运用生态学规律来指导人类社会的经济活动。王江梅，张新国(2002)认为，循环经济是环境和经济密切结合的产物，本质上是一种生态经济，循环经济的内在运行机理是按照自然生态系统内部物质循环规律和方式，用绿色经济运行模式来指导人类的经济活动，使得经济系统和谐地纳入自然生态经济系统的物质循环过程中，实现经济活动生态化。吴季松(2003)也认为，循环经济就是把传统的依赖资源净消耗线性增加的发展，转变为依靠生态型循环来发展的经济。

3. 循环经济是一种新的经济增长模式

齐建国(2004)认为，循环经济是一种技术范式的革命，是中国新型工业化的最高形式，是通过制度创新建立的一种新的经济形态。陈群胜，罗兰(2004)认为循环经济是一种新的发展观，主要体现在：循环经济是一种新的系统观；循环经济是一种新的经济观；循环经济是一种新的价值观；循环经济是一种新的生产观；循环经济是一种新的消费观。陈祖海(2004)认为，循环经济就是一种新的生产方式，是一种基于闭环型物质流动的经济发展模式。

笔者认为解振华(2003)提出的循环经济的定义很好的融合了以上几个方面的观点。解振华认为循环经济是与传统经济活动的"资源消费一产品一废物排放"开放型物质流动模式相对应的"资源消费一产品一再生资源"闭环型物质流动模式，其技术特征表现为资源消耗的减量化、再利用和资源再生化，本质是生态经济学，核心是提高生态环境的利用效率，目标是追求可持续发展。循环经济作为一种新的生产方式,是在生态环境成为经济增长的制约要素、良好的生态环境成为一种公共财富阶段的一种新的技术经济范式,是建立在人类生存条件和福利平等基础上的以全体社会成员生活福利最大化为目标的一种新的经济形态。

(三)循环经济的发展原则

自从循环经济的概念诞生以来,学者们普遍认同了循环经济的3R原则,即资源利用的减量化原则(Reduce)、产品再利用原则(Reuse)和废弃物的再循环原则(也称资源化原则)(Recycle)。但是也有一些学者在原来3R原则的基础上,提出了一些新原则以进行补充修正。如王钦敏(2003)认为,循环经济的运行应遵循四个基本准则:以资源投入最小化为目标的减量化准则;以废弃物利用最大化为目标的资源化准则;以污染排放最小化为目标的无害化准则;以生态经济系统最优化为目标的重组化准则。其中,重组化准则是指针对产业链的全过程,通过对产业结构的重组与转型,达到系统的整体最优。季昆森(2004)提出了循环经济的4R原则,即除了减量化原则、再利用原则和再循环原则以外,还有一个再思考原则(Rethink)。也就是说,在循环经济实施的过程中,人们应该不断深入思考在经济运行中如何系统地避免和减少废弃物,最大限度地提高资源生产率,实现污染排放最小化和废弃物循环利用最大化。吴季松(2005)提出了循环经济的5R理念,即再思考、减量化、再使用、再循环和再修复。再修复(Repair)的含义是:自然生态系统是社会财富的基础,是第二财富,不断地修复被人类活动破坏的生态系统与自然和谐也是创造财富。

(四)循环经济的运行机理和实现条件

国内学术界从不同角度对循环经济的运行机理和实现条件等方面进行了较为系统的研究。张扬(2005)运用博弈论分析了循环经济的合作机制,王兆华和武春友(2002)运用交易费用理论分析生态工业园中企业的共生机理。曹凤中(2005)从循环经济链作用机理、叶敏和万后芬(2005)从产品生命周期、王虹和叶逊(2005)从企业的动力机制、赵玮(2005)从绿色供应链等角度探讨循环经济的运行机理。黄建军等(2005)从循环型产业链构成的可能性探讨循环经济的实现形式和发展途径。在实现条件方面,既需要研究产权、价格等基础性制度的激励作用,又需要研究税收、财政、法律等规范性制度的约束作用，还需要研究行业监管产品标准、经济核算等考核性制度的评价机制，最终将其内化为企业的自觉行为。目前研究存在的缺陷是对于循环经济企业间的关系、产业链的运行规律还少有涉足。

（五）循环经济发展模式的研究

目前我国学者关于循环经济发展模式的研究已经取得了一些初步成果。范小克(2005)认为循环经济有两种发展模式：一种是能够充分利用自然力的循环经济模式，属于“循环经济的自然模式”；另一种是难以利用自然力的循环经济模式，属于“循环经济的工业模式”。于建成(2005)提出了“3＋1”的独具特色的循环经济发展模式：即小循环、中循环到大循环加废物处置和再生产业。小循环——在企业层面，选择典型企业和大型企业，根据生态效率理念，通过产品生态设计、清洁生产等措施进行单个企业的生态工业试点，减少产品和服务中物料和能源的使用量，实现污染物排放的最小化；中循环——在区域层面，按照工业生态学原理，通过企业间的物质集成、能量集成和信息集成，在企业间形成共生关系，建立工业生态园区；大循环——在社会层面，重点进行循环型城市和省区的建立。刘贵富(2005)认为循环经济体现在经济活动的所有层面上，并分别通过运用3R原则实现物质的闭环流动，因此提出在我国发展循环经济目前应采取“5＋1”模式，即微循环、小循环、中循环、大循环、超大循环和废物处理和再生产业。诸大建、藏漫丹、朱远(2005)认为构建城市循环经济发展模式，要考虑城市的自然、经济、社会发展状况和所处的特殊地位，也要慎重、科学地分析城市的发展趋势，由此提出适合我国循环经济发展的C—模式。滕先森，朱新峰(2005)对循环经济发展模式进行了积极的探索，提出了三种模式：清洁生产、生态工业园区、再生资源回收利用。总体看来，国内关于循环经济发展模式的分析还不够深入，由于我国实行循环经济的时期相对较短，还难以分析不同发展模式推行和实施的具体效果。

（六）循环经济发展综合评价问题研究

建立一套合理完善的循环经济评价指标体系是循环经济建设的基础性工作，也是考核循环经济发展效果的定量标准。我国循环经济评价指标体系的研究还处于初始阶段，评价指标的设定和评价方法的运用不尽相同。关于建立循环经济评价指标体系的建议性文献较多，实证研究相对较少。

大量文献中提出的较有代表性的循环经济评价体系主要有:冯之浚、于丽(2005)提出了城市循环经济评价指标体系,该体系以产业、城市基础设施、人居环境和社会消费四大体系为设计基础,基于经济发展指数、绿色发展指数和人文发展指数,建立了涵盖24个指标的城市循环经济评价指标体系。刘滨、王苏亮等(2005)从物质流分析方法出发提出包括资源利用、资源循环再利用和废弃物排放三个方面的循环经济评价指标体系。万伦来等(2005)从循环经济技术角度出发,基于"3R"原则提出了循环经济技术评价体系,评价体系包含资源消耗、产品回用性、资源再开发和环保性4个控制层面及13个具体指标,并根据模糊层次评价理论建立了循环经济的"循环度"综合评价的定量方法。王晨、黄贤金(2005)构建了包括资源利用率、污染减量排放、资源循环利用、经济效益和科技水平在内的区域循环工业发展评价指标体系,并运用层次分析法模型对1996~2003年间南京市循环工业发展状况进行了综合评价。张文红、陈森发(2004)提出了农村循环经济发展评价指标体系,包含了经济发展水平、生态经济效率、生态资源三个控制层及16个具体指标,并运用混合指标层次模糊决策法进行了实例评价研究。牛桂敏(2005)构建了一套循环经济评价指标体系,该体系包括3个层次(目标层、准则层、指标层)、6个子模块(经济增长指数、科技进步指数、资源消耗指数、废弃物排放指数、资源利用效率指数、资源循环利用指数)及36个指标。张敬惠、袁彦(2007)从社会经济发展、资源综合利用、资源再循环利用和生态环境质量四个方面,讨论了循环经济的综合评价体系。赵波、严立冬(2007)通过考察循环经济运行模式,结合指标体系设计的系统性与层次性、动态性与稳定性、可测性与可比性、完备性与简明性、效率与效益性原则,构建循环经济的评价指标体系,具体包括:经济与社会发展指标、资源减量投入指标、资源循环利用指标、生态环境质量指标。2007年6月,国家发改委、环保总局、统计局联合编制发布了循环经济评价指标体系,从资源产出、资源消耗、资源综合利用和废物排放4个方面入手,在宏观和工业园区两个层面上分别规定了22个和14个循环经济评价指标。其中,宏观层面的循环经济评价指标体系主要用于对全社会和各地循环经济的发展状况进行总体的定量判断,为制定和实施循环经济发展规划提供依据。工业园区评价指标体系主要用于定量评价和描述园区内循环经济的发展情况,为工业园区发展循环经济提供指导。

(七)循环经济立法与政策体系研究

发达国家的循环经济之所以广泛开展并形成趋势,其有力和有效的举措就是以立法为先导,把循环经济全面纳入强有力的法制化轨道加以推进。如日本、德国、法国、英国、意大利、西班牙等发达国家,以及新加坡、韩国等高收入国家,都制定了综合性或单项的发展循环经济、促进资源循环利用的法律。在我国,循环经济立法还处于起步阶段。国家发改委宏观经济研究院"我国循环经济发展战略研究"课题组提出我国发展循环经济的总体战略目标要分为三个阶段进行,其中第一阶段就包括建立比较完善的促进循环经济发展的法律法规体系。我国从 2003 年 1 月开始实施《清洁生产促进法》,清洁生产促进法的颁布实施,标志着我国可持续发展的历史性进步,对我国探索循环经济的过程产生了深远的影响。其后颁布施行的《环境影响评价法》、《固体废物污染环境防治法》、《可再生能源法》、《节约能源法》等,均提出了发展循环经济相关方面的要求。此外,《废旧家电及电子产品回收处理管理条例》、《清洁生产审核办法》、《中国节水技术大纲》等法规相继出台,各地也出台了比较完善的地方性法规,均为依法推进循环经济的发展奠定了基础。但大多数法规为原则性表述,缺乏可操作性内容,执行力不足,对推动循环经济建设工作所起的作用有限。

关于发展循环经济的经济政策体系的相关研究成果较多,学者们普遍认为有效的经济政策是循环经济发展的重要推动力和必要保障。应充分发挥市场机制对资源配置的基础性作用,注意充分利用价格、税收和财政等经济激励政策,制定实施环境系列标准,不断促进公众的绿色消费意识和环保意识的提高等等。但由于我国的循环经济发展还处在初期阶段,循环经济的实践还有待深入,相关的理论研究也多限于借鉴和移植国外的经验,而缺少针对我国国情的实证性评估研究,因此有很多问题有待发掘和深化。

二、国内循环经济研究的主要特点

综合国内循环经济的研究情况,可以发现主要存在以下几个特点:

(一)研究的广度和深度逐步加大

从现有文献的检索量上可以发现,目前我国关于循环经济的研究正在如火如荼地展开，研究广度和深度正在进一步扩大。但相关研究主要侧重于循环经济的概念、特点、原则和发展模式的探讨，对循环经济理论和实践过程中涉及的深层次问题研究较少，如关于循环经济的经济学分析、循环经济的会计核算和统计核算问题以及循环经济发展中的制度变革和制度创新等。总的来看，目前还未形成较为系统的循环经济理论体系，因此如何进一步完善循环经济理论体系，运用循环经济理论指导我国经济发展实践，将成为下一步循环经济讨论的热点问题。相信随着政府对循环经济的倡导和支持、公众对循环经济的关注和循环经济实践的全面展开，循环经济的理论研究必将进入一个加速发展的时期。

（二）定性分析多，定量分析少

现有的大多数文献过于注重对概念、意义等理论的阐述，针对具体问题的定量分析相对较少，且多集中于循环经济的相关评价研究。这里，数据难于获取是相关定量分析难以展开的重要原因之一，所以迫切需要建立科学客观的循环经济统计核算框架，以便更好地为相关定量分析提供必要的数据资料，从而推动循环经济研究的进一步展开。

（三）跨学科合作研究开展不足

循环经济把整个生态系统纳入分析视野，研究对象的范围十分广泛，且整个循环经济系统非常复杂，一方面是人与自然之间物质、能量和信息的变换活动，另一方面是人与人之间的利益分配和利益交换活动，因此循环经济的研究要采用自然科学的分析工具，也一定要采用社会科学特别是经济学的分析手段，跨学科研究将成为循环经济的主要研究方式。但目前我国跨学科研究面临重重障碍，学科之间隔行如隔山的分割状况严重，为此，必须采取措施鼓励学科之间的交叉融合，才能促进循环经济研究的有效展开。

（四）原创性不强

纵观近几年我国循环经济研究的进展，可谓紧跟国际步伐，差距逐步缩小，并且提出了很多创新性观点。但原创性理论仍然明显不足，往往是某种理论先在国外产生，而后引入我国，相关成果与我国经济发展实际联系不够紧密，造成国内循环经济研究在国际的学术影响力十分有限的局面。因此，如何开展原创性理论研究，提出适合我国环境、资源与经济发展现状的循环经济新理论是当前学术界任重而道远的工作。

第三节 国内循环经济统计核算研究综述

一、研究概况

如前所述，循环经济的发展必然需要有相应统计核算体系的配合。目前，国外关于循环经济理论层面上的研究开展不多，因此循环经济的统计核算问题并未引起应有的重视，相关研究大都集中在绿色国民经济核算问题的讨论上。国内学者在循环经济的研究中普遍认为应该尽快建立我国的循环经济统计核算体系，但鲜有学者真正提出循环经济的可操作性核算设想和核算框架，大都是在循环经济的下一步研究方向中简要的提到应构建循环经济统计核算体系。即建立循环经济统计核算体系的必要性已毋庸置疑，关键问题在于如何构建与循环经济相适应的科学系统的统计核算体系。

王宝义(2005)指出，为适应经济循环发展的要求，在重视经济总量增长的同时注重增长质量，必须建立新的核算指标体系，反映循环经济发展要求的核算指标——绿色 GDP 应该被提上日程。

王宪恩等(2005)指出，发展循环经济是可持续发展战略的深化和具体化，是解决我国经济高速增长与生态环境日益恶化这一矛盾的根本出路。摒弃传统经济中 GDP 至上的旧观念，无疑是发展循环经济的先决条件。只有用绿色 GDP 代替传统 GDP 作为衡量循环经济的重要指标，才能从根本上实现人与自然的和谐发展，才能实现经济增长、社会进步和环境保护的“三赢”目标。

林娜(2006)指出，循环经济本质上是一种生态经济，绿色 GDP 作为发展循环经济的切入点，克服了现行 GDP 的缺陷，为构架循环经济新体制指明了方向，同时也是保证经济增长不会过度消耗能源，不对环境造成损害的有效途径。

张颖，吴志文(2006)指出，无论是循环经济还是绿色核算，都强调社会经济活动对环境的较小影响和经济、社会、环境的协调发展。发展循环经济离不开绿色核算，绿色核算为循环经济的发展提供信息、决策依据等。开展绿色核算，也离不开循环经济的支持，它们都是为可持续发展服务的。

吴季松(2007)提出应该按照新循环经济学的理论,设立绿色 GDP 统计指标体系,认为绿色 GDP 要考虑创造自然财富的三个新生产成本:资源节约的成本、污染治理的成本和生态修复的成本。

还有很多学者在循环经济的研究中,提出应该开展绿色 GDP 核算的对策建议,希望以"绿色 GDP"作为循环经济运行情况的有效测度,通过绿色 GDP 核算实现对循环经济的有效监测和评价。也有少数学者持不同意见,赵玉川(2006)、王静(2008)均认为物质流核算为循环经济的实施提供了重要的统计手段和工具,随着我国循环经济的发展,加强物质流核算的研究并予以逐步实施是未来的一项重要工作。另外,还有学者从投入产出角度探讨如何对循环经济展开统计核算与分析。如张文红(2006)、刘征等(2006)、吉小燕等(2007)、杨顺顺等(2007)、佟仁城等(2008)都结合投入产出分析基本原理,探讨设计适合我国国情的循环经济投入产出分析模式,以实现对循环经济的运行状况的科学分析。

在循环经济统计核算实践方面,2007 年 9 月深圳市率先提出《深圳市循环经济统计与核算管理办法》,对循环经济统计核算的范围和方法以及职责分工等方面做出了规定,但该管理办法的目的是为《循环经济综合评价指标体系》涉及的指标提供数据支持,并没有形成系统完整的核算框架和体系。其他一些地方尝试展开的循环经济统计核算也同样存在以上问题。

由以上论述可以看到,关于循环经济统计核算问题的理论和实践探讨,基本的观点均为通过绿色 GDP 核算实现对循环经济的统计核算与评价,以为相关决策提供科学依据。近年来,鉴于可持续发展理念在世界范围内被广泛接受,将自然资源与环境纳入国民经济核算体系、"绿化"国民经济核算体系,建立绿色国民经济经济核算体系、构建绿色国民经济分析方法体系就成为国际经济核算与分析的理论界和实际部门面临的重要课题,出现了大量的研究成果。国内关于绿色 GDP 核算(绿色国民核算[①])的研究成果也大量涌现,研究领域与研究方向主要集中在以下几个方面:我国可持续发展核算体系的构建;自然资源、环境核算与国民经济核算体系相互关系的研究;

① 严格来讲,将资源环境因素纳入国民经济核算领域的相关研究应称为"绿色国民经济核算研究",但我国学术界和实际部门大都把"绿色国民经济核算"称为"绿色 GDP 核算",不够严谨科学,但已经约定俗成,为大众广泛接受,故在本书中未作更正。

将自然资源、环境核算纳入国民资产负债(国民财富)核算的方式及核算途径的研究;将资源环境因素纳入"生产账户"(GDP)的方法及核算途径的研究;资源、环境估价方法研究;关于"中国综合经济与环境核算体系"的核算模式、核算理论、原则与方法的研究等等。总的来看,我国绿色GDP核算研究紧密跟踪国际相关研究的最新进展,结合我国实际取得了大量的研究成果。研究机构与政府部门联系紧密,政府部门非常重视绿色GDP相关核算的研究,并展开了大量的实践活动。但由于绿色GDP核算研究本身的复杂性,目前并未形成较为统一的绿色GDP核算方法和核算体系,研究成果差异性较大。特别是在资源环境核算方面,还没有形成被普遍接受的、说服力很强的估价方法。政府部门对于绿色GDP的开展意见也并不统一,还存在一些分歧,研究成果向实践转化还需要很长的时间。

二、国内循环经济统计核算研究的主要特点

纵观现有的相关研究成果,可以发现国内循环经济统计核算研究具有以下两个特点:

一是关于循环经济统计核算问题的研究还处于提出阶段,鲜有学者对循环经济统计核算问题展开深入研究。由于绿色GDP核算得到的广泛关注以及其在衡量经济发展的资源环境代价方面的优越性,多数学者提出通过绿色GDP核算对循环经济的发展进行有效测度和评价,而对于循环经济和绿色GDP核算二者之间的深层次关系、绿色GDP核算能否切实反映循环经济的发展状况以及现实的可操作性缺乏系统的论证。

二是目前循环经济的研究得到了专家学者们的普遍关注,不同领域的专家学者从不同的角度——如经济学、社会学、生态学、法学、伦理学、环境科学等角度对循环经济展开了深入的探讨,但由于研究重点、研究专长不同,研究中还存在很多不足,如有些政策建议中把核算和评价问题混为一谈,关于绿色GDP核算还存在基本认知上的错误等等。因此需要国民经济核算领域的学者更多地关注循环经济统计核算问题的研究。

总之,目前关于循环经济统计核算问题的探讨,还未引起国内学术界足够的重视,循环经济统计核算问题的研究还处于初步探索阶段,相关研究具有很强的理论和现实意义。

第三章 循环经济相关理论分析

如何才能对循环经济的运行和发展情况进行科学客观的统计核算，笔者认为关键的问题在于要深刻认识循环经济的本质和运行机理。只有牢固把握循环经济的本质和运行机理，才能在此基础上提出科学合理的核算理念和方法，达到循环经济统计核算的基本目的，因此第三章主要就循环经济相关理论问题做详细阐述。

第一节 循环经济的内涵、特征及发展原则

一、循环经济的理论基础

循环经济的理论基础涉及到多个学科和领域，主要归纳为以下几个方面。

(一)循环经济的伦理道德基础

循环经济是经济发展与环境保护深度融合的结果，它的出现既是经济发展规律指引下的必然，同时也包含了社会伦理演变中的道德必然性。道

德是让人们自觉规范自己的行为，在当前资源环境矛盾愈演愈烈的背景下，正确的自然道德观应该被牢固树立。正确的自然道德观即把保护环境、尊重自然、维护持续生存作为人类道德准则。应该学会尊重自然、保护自然，把自己当作自然界的一员，与之和谐相处。还要注重代内公平和代际公平，代内公平是指世界各国人民都有生存与发展的机会，全体人民都有满足自己的基本需求及较好生活愿望的机会，不能有任何一国或民族处于支配地位，即各国人都有同样选择的机会公平地分配有限资源。代际公平是指在经济社会发展中，现时的一代不要为自己的发展与需求而损害人类世世代代满足需求的条件——自然资源与环境。因为自然资源是有限的，不能只顾眼前利益，不顾子孙后代利益，只顾自己发展，不顾后代生存，应当树立起可持续发展的观念，维护后代的利益，做到代际公平。

（二）循环经济的经济学基础

循环经济的经济学基础问题是目前循环经济理论研究中的难点，关键是要解决如何科学地将资源环境因素纳入到经济学的分析中。由于经济发展中的资源环境矛盾越发严重以及可持续发展理念的提出，资源环境逐步显现出其稀缺性的特征，例如在新古典经济学中，生产要素就被认为包括三大基本范畴：自然资源、劳动力和资本，其中自然资源主要指土地、矿产等。著名经济学家萨缪尔森也指出，必须拓宽自然资源的范畴，环境资源也是一种自然资源。作为生产要素之一的自然资源，与资本和劳动一样都具有稀缺性，只不过这三种要素的稀缺性在人类社会发展的不同阶段表现的程度不同而已。经济学研究中对资源环境要素的重视，也在一定程度上催生了循环经济学的产生，循环经济理论不断完善，也为大家所普遍认同。

需要指出的是，在循环经济的理论体系中，生态经济学的作用举足轻重。正如美国学者戴利所讲，经济系统和生态系统的关系已经发生了变化，世界正在从“空的世界”转变为“满的世界”。“空的世界”是指过去传统的想法——生态系统的物质和能量是取之不尽、用之不竭的，在这一前提下，经济系统相对于生态系统较小，世界就是“空的世界”。“满的世界”则是指经济系统作为更大的生态系统的子系统，其正常运行需要源源不断地从周围吸收物质和能量，并排放出废物和垃圾，世界就变成了“满的世界”。这样，研究生态系统和经济系统全面协调的生态经济学，为循环经济提供了基础的理论支撑。即要遵从生态原理和经济规律，把经济活动组成为“资源—产品—再生资源”的闭环式物质流动模式，所有的物质和能源在经济循环中得到合理的利用。把人类经济社会发展与其依托的生态环境作为一个统一体，将经济活动对自然环境的影响降低到尽可能小的程度，达到经济社会发展与生态发展全面协调的最终目标。

(三)循环经济的自然科学理论基础

金涌院士在《循环经济的工程科学基础》一文中曾经提出了循环经济的五大自然科学理论基础[①]，即热力学第一定律、热力学第二定律、耗散结构理论、信息理论和质能关系理论。冯之浚教授在《循环经济导论》一书中提出，循环经济的理论基础是整体论、系统论、自组织理论和协同理论。[②] 段宁在《循环经济的自然科学基础理论》一文中提出了关于循环经济的物质代谢规律的理论基础。[③] 其核心内容表述为物质代谢与经济增长之间的四个基本科学规律。总的来看，循环经济的提出和发展都离不开自然科学理论的支撑，正是因为自然科学的发展规律起作用，循环经济的出现有其必然性，循环经济的发展具有科学的技术保证。

二、循环经济的概念界定

目前，国内已有文献主要是从人与自然环境的关系、生态经济、新的经济增长模式三个方面来阐述循环经济的内涵和特征(具体见第二章第二节)，本书在研究中基于如下对循环经济内涵的认识：循环经济倡导的是一种物质闭环流动经济，要求把经济活动按照自然生态系统的模式，组织成一个“资源——产品——再生资源”的物质反复循环流动的过程。认为若经济系统控制物质的投入量，并按照生态规律安排生产活动，降低物质的排放量，将经济系统对生态系统的影响降为最低，就能够实现社会经济与生态环境的可持续发展。其技术特征主要表现为资源消耗及排放的减量化和再利用，根本目的是要求在经济过程中尽可能减少物质投入，有效利用资源，并且系统的避免和减少废物，即缩减排放量。通过不断提高资源利用效率，形

① 金涌. 循环经济的工程科学基础. 中国循环经济高端论坛[M]. 人民出版社，2005：102.

② 冯之浚. 循环经济导论[M]. 人民出版社，2004：62.

③ 段宁. 循环经济的自然科学基础理论. 科技日报，2005年4月25日.

成资源利用效率较高的物质循环模式。

三、循环经济的特征和发展原则

循环经济的基本特征突出体现在其系统性上。第一，循环经济侧重于整个社会物质的循环运用，强调的是提高资源利用效率，并注重生产、流通、消费全过程的资源节约。也就是说，循环经济不是简单的废弃物资源化，其根本目标是要系统地避免和减少废物。第二，循环经济是把经济、社会和环境整合起来的一种体现统筹发展思想的新经济，是发展模式的根本性变革。第三，在解决环境问题方面，循环经济要求实现从开环的末端性治理到闭环的全过程控制的变革，其环境目标是要在整个经济流程中系统地节约资源和减少废物，实现经济增长的减物质化。第四，循环经济的发展需要必要的技术支撑，在其发展的资源开采、资源消耗、产品生产、废弃物预防与控制、产品消费、资源再生、无害化处理等各个环节，无不涉及先进技术的倡导与运用。第五，循环经济是经济系统与生态系统复合而成的综合性系统，要求在既定产出目标和各种约束条件下多种要素投入的整体最低，其追求的效益也不仅仅是经济效益，它追求的是生态效益、经济效益和社会效益的综合与统一。总之，循环经济具有技术范式角度的系统的物质闭路循环特征。

循环经济的发展原则（又称“3R”原则）同样以“物质循环”为核心，集中体现了循环经济发展的基本要求和活动准则。

1. 减量化原则

“减量化”是循环经济的第一原则，要求以尽可能少的物质投入特别是无害于环境的资源投入和尽可能少的物质排放来达到既定的生产目的或消费目的，是在经济活动的源头就开始注意节约资源和减少污染，也被称为减物质化。换句话说，减量化原则要求经济增长具有持续性以及与环境的相容性，必须在生产源头就充分考虑资源的替代与节省、提高资源的综合利用率、预防和抑制废弃物的产生，而不是将重点放在生产过程的末端治理上。

2. 再利用原则

再利用原则是指通过尽可能多次以及尽可能多种方式使用产品（广义的产品，包括服务、机器、厂房、消费物品等等），使产品能够以初始的形式被反复利用，而不是一次性消费，从而避免产品过早的成为垃圾，以减少资源使用量和污染排放量。再使用原则可以通过持久使用和集约使用两种方式实现。持久使用即通过延长产品的使用寿命来降低资源流动的速度，而不是频繁的更新换代。如果人们将产品的使用寿命延长一倍，那么就是相应地减少了一半的资源消耗和减少了一半的废料。集约使用是指使产品的利用达到某种规模效应，从而减少分散使用导致的资源浪费。

3. 资源化原则

资源化原则要求生产出来的产品在完成其使用功能后重新变成可以利用的资源，用于生产新产品，而不是不可恢复的垃圾，以减轻最终废弃物的填埋和焚烧压力，提高资源利用效率，减少初级资源的使用，从而使整个生产过程实现闭环流动，实现资源的综合利用、循环利用。

循环经济的"3R"原则构成了一个有机联系的整体。减量化原则属于输入端控制，要求努力降低经济系统的物质投入量，并尽可能地使用再生资源，从而为减少废物排放和废物资源化打下基础。再利用原则属于过程控制，即将物质在经济系统的使用周期尽可能延长，从而减少经济系统中资源的投入和废弃物的产生。资源化原则属于输出端控制，即通过废弃物的综合循环利用，将经济系统对资源环境的影响降到最低。从循环经济三个原则的作用来看，以预防为主的"减量化原则"是最重要的法则。这是因为循环经济的根本目标是在经济过程中尽可能减少物质投入，有效利用资源，并且系统的避免和减少废物。废物的再生利用在本质上仍是末端治理而不是源头预防，只是减少废物最终处理量的方式之一，它虽然可以减少废弃物的最终处理量，但不一定能够减少经济过程中的物质使用规模及物质流动速度。

四、循环经济的发展阶段

依据循环经济的发展特征和实践运行经验，循环经济的发展阶段一般可大致分为以下三个阶段：

第一阶段：起步阶段

在这一阶段，线性模式下的对自然资源的大量消耗以及对环境的严重污染，迫使人类开始反思传统的社会发展方式，循环经济的发展理念开始为大众广泛关注。政府开始着手构建鼓励循环经济发展的政策体系，有关环境保护、资源循环利用的各项法规开始建立，设立了一批不同层面的循环经济试点，以吸取经验，带动整个社会循环经济的进一步开展。但在起步阶段，循环经济的理念还未被广泛传播和接受，各项政策和法规也有待进一步发展完善，发展循环经济的综合效益并不明显，需要政府更多的引导和支持、企业的积极实践运用以及公众的身体力行。

第二阶段：发展完善阶段

在第二阶段，循环经济的理论体系初步建立，循环经济的思想被广泛应用于实践。政府关于循环经济发展的各项政策制度取得实质性成效，科学完善的循环经济发展支撑体系和评价体系初具规模，循环经济发展的中长期规划逐步出台。循环经济实践在各领域、各层面全面推进，发展经验得到总结推广。发展循环经济的生态效益、经济效益和社会效益初步显现。

第三阶段：成熟阶段

循环经济的理论架构非常成熟，发展循环经济已经成为一种"内生习惯"，循环经济发展机制促使各地区、各行各业均实现了资源利用减量化、再利用和再循环，人类的生态环境得到了明显改善，人们的生活质量普遍提升，经济发展与资源环境压力的矛盾明显缓解。

第二节 循环经济的运行机理

要结合循环经济的运行模式来分析其运行机理。在运行模式上，循环经济由微观层面的企业和家庭小循环和宏观层面的经济大循环构成，图3－2－1给出了循环经济的运行机理示意图[①]。

一、微观层面

微观层面的企业小循环和家庭小循环是落实循环经济的微观基础。企业小循环是以科技进步为动力，以清洁生产为主要手段，以提高资源的利用效率、减少物质投入量和废物排放量为主要目的而构建的物质和能量的微观循环主体。要求企业从产品设计阶段就重视资源节约、环境保护问题；在

① 杨雪锋．循环经济的运行机制研究．华中科技大学博士学位论文，2006：29.

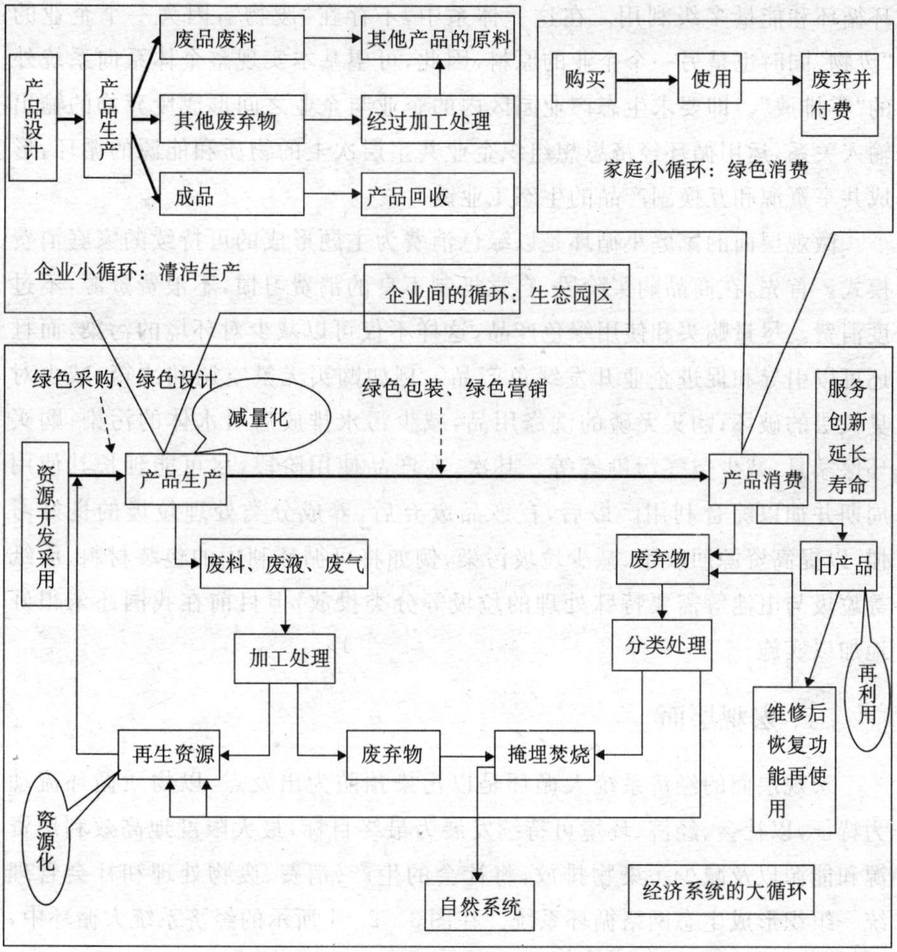

图 3—2—1　循环经济运行机理示意图

产品生产阶段贯彻减量化原则，节能降耗，最大限度可持续地利用可再生资源，努力提高资源利用效率，减少废弃物的排放；并重视生产阶段产生的各种废弃物质的回收利用，贯彻再利用和资源化原则。另外，生态产业园区是企业间形成的、以清洁生产为基础，按照工业生态学原理，通过物质集成、能量集成和信息集成在企业间形成的工业代谢和共生关系，是依据循环经济理念和生态学原理设计建立的一种新型产业组织形态，也是通过模拟自然系统建立产业系统中“生产者—消费者—分解者”的循环途径，实现物质闭环循环和能量多级利用。在这一体系中，不存在“废物”，因为一个企业的“废物”同时也是另一个企业的原料，因此，可望基本实现整个体系向系统外的“零排放”。即要求生态产业园区内的企业与企业之间形成废弃物的输出输入关系，运用循环经济思想组织企业共生层次上的物质和能源的循环，形成共享资源和互换副产品的生态工业链。

微观层面的家庭小循环是以绿色消费为主题形成的可持续的家庭消费模式。首先，在商品购买阶段，自觉抵制不良的消费习惯，不浪费资源，不过度消费。尽量购买和使用绿色产品，这样不仅可以减少对环境的污染，而且还可以引导和促进企业开发绿色产品。例如购买无氟空调和冰箱，减少对臭氧层的破坏；购买无磷的洗涤用品，减少污水排放后对水体的污染；购买环保家具，减少空气污染等等。其次，在产品使用阶段，尽可能延长其使用周期并加以综合利用。最后，在产品废弃后，养成分类处理垃圾的良好习惯，以提高资源回收率、减少垃圾污染，例如将可循环利用的包装材料、废纸等垃圾与电池等需要特殊处理的垃圾等分类投放，但目前在我国还未很好地加以实施。

二、宏观层面

宏观层面的经济系统大循环是以污染预防为出发点，以物质循环流动为特征，以社会、经济、环境可持续发展为最终目标，最大限度地高效利用资源和能源以及减少污染物排放，将社会的生产、消费、废物处理和社会管理统一组织形成生态网络循环系统。在图3－2－1所示的经济系统大循环中，主要具有“生产、消费和循环转化”三大功能。

生产功能是指资源开采者和加工制造者利用各种生产力要素的组合，产出满足社会需求的各类产品，同时产生相应的废弃物和污染物。生产功能是整个循环系统最基本的功能，在生产中一方面消耗大量的物质资料，另一方面产生了大量废弃物，给整个系统造成压力。所以在产品生产阶段要贯彻循环经济的发展原则，既要努力降低生产过程的物质投入，也要尽量提高再生资源的利用比重，还要减少各种废弃物的排放量，并积极对废弃物进行加工处理，使其成为可利用的再生资源，对于无法再利用的废弃物通过掩埋焚烧进入自然系统。

消费功能是指中间产品和最终产品的广大用户使用和消费各种资源、产品和服务。在消费过程中也会产生不同的废弃物，消费者的环保意识和消费行为对消费功能的正常发挥起着极其重要的作用。在这一阶段要积极贯彻再利用原则，开展服务创新以及延长产品使用寿命。对于消费阶段产生的废弃物经过分类处理后，一部分成为再生资源，另一部分最终排放至自然系统。

循环转化功能是指废弃物的处理者对生产和消费过程产生的各类废弃物和污染物进行回收处理和再利用，使其重新进入系统循环，以提高资源利用效率，减轻经济发展对资源环境的压力，从而实现社会经济与自然环境的和谐共生。循环转化功能的发挥是循环经济区别于传统工业经济的主要标志，是循环经济建设的重要任务和关键环节，而技术进步是增强系统循环转化功能的重要因素。

从以上关于循环经济的内涵、发展原则和运行机理的分析中可以看到，循环经济的核心问题其实就是"物质循环"，"物质循环"是维持自然生态系统和经济系统和谐发展、实现可持续发展的主要形式和实现路径。因此要反映循环经济的发展状况、测算和评价其发展水平，要关注的核心问题也应是"物质循环"。即循环经济统计核算的基本目的和要求是对经济系统的物质投入量、物质排放量，物质在经济系统内的循环利用情况进行核算分析，并给出反映物质利用效率和强度方面的总量指标，以促进社会经济系统资源利用效率的不断提高，实现经济、社会和环境协调发展的循环经济实践模式。

第三节 循环经济的发展模式

一、国外循环经济发展的典型模式

研究世界各国在提高资源利用率、缓解资源短缺、减轻环境污染等方面的循环经济特色模式，有助于我国取其所长，形成富有中国特色的循环经济发展模式。

（一）以美国为代表的循环消费模式

美国是环保主义流行的国家，也是开始循环经济实践和探索较早的国家之一。经过几十年的发展,循环经济的发展已渗透到其国民经济的方方面面,如造纸、炼铁、塑料、橡胶、家用电器、计算机设备、办公设备和家居用品等行业。美国的循环经济发展中非常重视循环消费,所谓循环消费[①]是指当你认为某件消费品没有使用价值想扔掉时,应先想象它对其他人是否还有使用价值,如果有,就让他人再消费,直到对任何人都没有价值时,才将其作为垃圾进行回收处理,从而使一个消费品经历多个消费过程。由于循环消费观念的普及以及相关制度的约束,循环消费已成为美国经济和社会生活中的常态,主要开展形式有庭院甩卖、旧货交易、商业网站或政府支持的网站进行的旧货买卖等,不仅带来了巨大的社会效益,经济效益也十分可观。

(二)以德国为代表的废弃物循环管理模式

德国是世界上循环经济开始最早、发展水平最高的国家之一,虽然其在工业化进程中同其他发达国家一样,走的是一条"先污染,后治理"的发展道路,但在其后的治理过程中吸取教训,形成了具有特色的以生活和工业废弃物的再利用与资源化为主体的发展模式。

在1970年,德国大约有五万个不规范的垃圾处理场,严重影响到周边环境和人们的健康。为了改变垃圾的二次污染,德国的环境政策发生了从废弃物倾倒向废弃物循环管理的转变。1972年,德国出台了第一部垃圾处置法律——《废弃物处理法》,提出了垃圾无害化可以由私营企业承担等重要原则,标志着垃圾处置走向了有序化和法制化轨道。1974年,德国颁布了《联邦污染物排放控制法》,次年,德国发布了第一个国家废弃物管理计划,首次提出"预防、减量、回收和重复利用"、"根据污染者付费原则,分担处置成本"等重要原则和目标。1986年,德国全面修改了1972年制定的《废弃物处理法》,重新制定了《避免废弃物产生及其妥善处置法》,提出了两条具有开创性的规定:首次规定了预防优先和垃圾处理后的重复使用;首次对产品生产者的责任进行了规定。20世纪90年代初期,德国出台了许多旨在提高垃圾处理的技术水平、完善经营和管理体系的新条例,如《避免废弃包装品和容器的政令》、《包装条例》等,其目的是为了解决垃圾处理过程中产生的二次污染问题。在总结以上法律法规实施经验的基础上,德国于1994年正

---

① 赵莹,肖光进.国外循环经济主要发展模式及启示分析[J].中国集体经济,2010(2).

式颁布了《循环经济与废弃物管理法》，并于1996年开始生效。这部法律使世界环境保护运动发生了根本性的转变，即由过去的末端治理转向源头控制。该法定义了废弃物的概念，把废弃物分为“可利用废弃物”、“妥善处置废弃物”，并将废弃物的管理级别分为三级，即特别监管、监管和无序监管，规定所有生产和生活废料的清除必须向循环经济回归，要求消费和生产系统在资源消耗和环境污染方面降到最低，对无法避免产生的废物，要求尽量采取循环利用的措施。

在商品包装方面，德国负责包装废弃物收集和处理的双元回收系统模式是循环经济实践和运行的典型模式。双元回收系统公司接受企业的委托，组织回收者对废弃物进行分类，然后分送到相应的资源再利用厂家进行循环利用，能直接回收的则返回给制造商。德国自1991年开始对包装物进行分类，在需要回收的包装物上打上绿点标记，有此标志的商品，表示它的包装可以回收，也就是要求消费者把它放入盛包装物的分类垃圾箱，然后由双元回收系统公司进行处理。政府只规定回收利用的任务指标，其他一切均按市场机制运行。双元回收系统是一个非营利组织，其运作的资金来源于向生产厂家授予“绿点标志”时收取的注册费，这些注册费全部用于包装废弃物的管理。对没有“绿点”标志的包装，则交由零售商回收处理。

（三）以日本为代表的立法推进模式①

通过加强立法来推动循环经济的发展，是世界各国普遍采用的有效措施之一。这当中日本是一个较具代表性的国家，其关于循环经济的立法时间较早且最为全面。

二战后的日本励精图治，国民经济实现了飞速发展，但也面临着严峻的资源、环境矛盾。为缓解资源和环境的双重压力，日本政府于20世纪末提出了“要创造出经济与环境的新关系——通过大量消耗资源来支撑的经济增长已经结束，今后的增长要靠资源循环利用来支持”。社会各界日益认识到构建一个控制自然资源消耗、降低环境负荷的“循环型社会”的必要性。

日本循环经济的法律法规体系比较健全，主要可分为三个层面：第一层面是基本法，即《促进建立循环社会基本法》，这部法律制定的目的是建立循

① 李伟.我国循环经济的发展模式研究.西北大学博士论文，2009.

环型社会的基本原则，在明确国家、地方公共团体、企业及国民职责的前提下，制定形成循环型社会的基本计划，并以此为基础，规定关于形成循环型社会应当实施的基本政策。该法的内容主要包括六个方面：一是界定了循环型社会的内涵，即“循环型社会”是指限制自然资源消耗、环境负担最小化的社会；二是对那些没有考虑到价值而被称为“垃圾”的物质，定义为“可循环资源”并促进其回收；三是“优先处理”顺序为：垃圾减量→回用→回收→再利用→安全处理；四是明确了不同主体的责任，鼓励每个人为建立循环型社会作出努力；五是政府制定“促进循环型社会建设的基本规则”；六是明确了建立循环型社会的政府促进措施。

第二层面是综合性法律，包括《固体废弃物管理与公共清洁法》和《促进资源有效利用法》，《固体废弃物管理与公共清洁法》在一定程度上执行了“污染者付费原则”，明确规定了排放工业垃圾的企业责任。《促进资源有效利用法》制定的目的是用较少的原料和能源投入来达到既定的生产目的或消费目的，进而从经济活动的源头就注意节约资源和减少污染。

第三层面是具体的专项法，包括《促进容器与包装分类回收法》、《家用电器回收利用法》、《建筑材料回收利用法》、《食品回收利用法》、《汽车回收利用法》及《绿色采购法》。《促进容器与包装分类回收法》制定的主要目的是减少容器与包装类垃圾，促进其回收，并把减量和回收作为重要任务来抓。《家用电器回收利用法》制定的目的是促进电视机、冰箱、洗衣机及空调等家用电器的回收。《建筑材料回收利用法》制定的目的是促进建筑物的选择性拆迁和建筑废物的分类回收。《食品回收利用法》制定的目的是减少在生产、烹饪、分送和消费过程中产生的食物垃圾，并通过转化为饲料或肥料的方式减少最终处置量。《汽车回收利用法》制定的目的是促进报废车的再生利用和合理处理。《绿色采购法》制定的目的是促进国家机构和地方当局积极购买对环境友好的再循环产品，同时最大限度地提供绿色采购信息。

以上三个层面构成了日本循环社会的法律法规体系，集中体现了“三个要素和一个目标”，即减少废弃物、旧物品再利用、资源再利用的循环经济发展原则以及最终实现建立循环型社会的目标。

（四）以丹麦为代表的生态工业园区模式

生态工业园区模式可称之为企业之间的循环经济，丹麦卡伦堡生态工业园区是目前世界上工业生态系统运行最早和最为成功的代表。生态工业园区作为一种生产发展、资源利用和环境保护形成良性循环的工业园建设模式，基本特征是按照工业生态学的原理，通过企业间的物质集成、能量集成和信息集成，形成产业间的代谢和共生耦合关系，使一家企业的废气、废水、废渣、废热成为另一家企业的原料和能源，所有企业通过彼此利用"废物"而获益。

卡伦堡生态工业园区的主体企业是电厂、炼油厂、制药厂和石膏板生产厂，以这4个企业为核心，展开7个水循环项目、6个提高能源转换效率项目、6个废物循环利用项目、17个内部循环共生项目和4个外部循环共生项目。通过贸易方式利用其他企业生产过程中产生的废弃物或副产品作为本企业的原料，实现废水、废热、废气、废渣的高效循环利用。在这个"工业共生体系"中，各种企业按照生态学的共生原理建立了一种和谐复杂的互惠互利合作关系。不仅减少了废物产生量和处理费用，还产生了很好的经济效益，形成了经济发展和环境保护的良性循环。

（五）以法国为代表的行业协会推进模式

法国发展循环经济的过程与德国非常类似，也是从垃圾处理起步的，颁布了一系列有关垃圾处理的法规。法国发展循环经济的特色在于垃圾处理方面，通过为数众多、无处不在的行业管理组织与成千上万的企业进行密切联系开展实际工作。其中，行业协会不仅是行业企业利益的代言人，也是政府制定经济政策时的合作伙伴。涉及到不同种类的垃圾，其相关行业的协会组织发挥了重要作用，对相关产品的生产和回收进行规定，促进资源的综合利用，取得了很好的效果。

二、我国循环经济发展模式设计

以上几种具有代表性的循环经济发展模式对于我国构建适合本国国情的循环经济发展模式具有十分重要的借鉴作用，我国循环经济的发展在立法推动、政策引导、重视宣传、技术创新等方面都还需进一步完善。循环经济"3R原则"是"减量化、再利用和资源化"，在实践中，就是要在生产和消费两个领域加以严格贯彻。

在生产领域，重点是农业、工业和第三产业实现发展模式的转变。农业循环经济是指将循环经济理论引入农业领域、指导组织农业生产，实现农业生产的效益最大化与危害最小化，达到生产和环境保护相容的理想状态。目的是从根本上降低经济活动对环境的破坏，保护并改善农业生态环境。农业循环经济的内容主要包括生态农业和农业废弃物循环利用两个方面。生态农业是指在保护、改善农业生态环境的前提下，遵循生态学、生态经济学规律，运用系统工程方法和现代科学技术，集约化经营的农业发展模式。目的是构建一个农业生态经济复合系统，将农业生态系统同农业经济系统综合统一起来，以获取最大的生态经济整体效益。生态农业一般可归纳为以下三种互相联系的类型：

第一，以“食物链”原理为依据发展起来的循环多级利用模式。生物之间是相互依存相互制约的，生态系统中的多种生物，通过食物链密切地联系在一起。如果能够按照食物链的构成和维系规律，合理组织生产，就能最大限度地发掘资源潜力，节省资源且减少环境污染。在利用食物链组织的农业生产过程中，废弃物被合理利用，节约了资源也减少了环境污染。另外，还可以利用生态系统中生物间相互制约的关系，即一个物种对另一物种相克或捕食的天敌关系，人为地调节生物种群，达到降低害虫、杂草及病菌对作物危害的作用等。

第二，根据生物群落演替原理发展起来的时空演替合理配置模式。根据生物群落生长的时空特点和演替规律，合理配置农业资源，组织农业生产。采用这种模式，可充分利用农业资源，使产业结构趋向合理，并保护好农业生态环境。例如果林地立体间套模式、农田立体间套模式、水域立体养殖模式等。

第三，生态经济学原理指导下的系统调节控制模式。在一个生态系统中，生物为了繁衍生息，必须随时随地从环境中摄取物质和能量，同时环境在生物生命活动过程中也得到某些补偿。环境影响生物，生物也影响环境，受到生物影响而改变了的环境又对生物产生出新的影响。所以要重视这个规律，否则只顾索取，不给回报，便会使环境质量下降，资源枯竭。[①] 农业废弃物循环利用是指通过物质能量的多级循环利用达到节约资源与减轻污染

---

① 食物链到生态经济学生态农业的 3 种模式，http://www.hljagri.gov.cn/nysc/scdt/200705/t20070522 10120.htm

的目的，促使农业生态系统和经济系统逐渐向良性循环方向转变。废弃物循环利用技术是一种生态效益、社会效益与经济效益并重的新型农业技术，有利于解决目前我国农业和农村发展中出现的诸多问题，是农业可持续发展的必然选择，例如沼气利用、秸秆利用等。

工业循环经济主要体现在企业内和企业间两个层面。对单个企业而言，主要是贯彻清洁生产的理念。清洁生产从本质上来说，就是对生产过程与产品采取整体预防的环境策略，减少或者消除它们对人类及环境的可能危害，同时充分满足人类需要，使社会经济效益最大化的一种生产模式。具体措施包括：不断改进设计；使用清洁的能源和原料；采用先进的工艺技术与设备；改善管理；综合利用；从源头削减污染，提高资源利用效率；减少或者避免生产、服务和产品使用过程中污染物的产生和排放。在企业内部实现物质的闭路循环和高效利用，努力达到污染物的零排放。企业间主要是大力发展生态工业链或者生态工业园区。生态工业园区是依据循环经济理论和工业生态学原理设计而成的一种新型工业组织形态，遵从循环经济的减量化、再利用、资源化的 3R 原则，其目标是尽量减少区域废物，将园区内一个工厂或企业产生的副产品用作另一个工厂的投入或原材料，通过废物交换、循环利用、清洁生产等手段，最终实现园区的污染物“零排放”。生态工业园区是实现生态工业的重要途径，是最具环保意义和生态绿色概念的工业园区。

第三产业循环经济主要涉及旅游、宾馆、餐饮、娱乐、环卫、物管、物流、信息、金融、教育、文化等社会典型的三产行业。要根据第三产业服务创造价值的特点，从服务产品与设施的设计与开发到整个服务周期过程，都要考虑和进行减少服务主体、服务对象和服务途径的直接与间接环境影响，实现第三产业的可持续发展。

在消费领域，主要是倡导绿色消费。以保护消费者的健康、符合环境保护标准为要求，展开各类消费行为和消费方式。鼓励消费者选择购买绿色产品，即环保产品，尽可能减少消费行为中产生的环境污染。在产品使用过程中，尽可能延长产品的使用期限，在产品废弃之后要积极配合对产品的回收再利用。绿色消费还要倡导适度消费，提倡生态化的生活方式，反对奢侈浪费和一次性消费。设想如果每一名消费者都形成健康文明、节约资源的消费模式,生产领域的循环经济发展也必将得到改观。消费者变一次性消费为循环消费,积极选择购买绿色产品、开展旧物交易再用,自觉分类弃置各类废弃物,有责任地进行消费;公共部门在社会层面带头节约、杜绝浪费,通过大力发展城市公共交通,普及集中供热等措施,构建节约型社会。要在消费领域满足上述循环经济的基本要求,除了提高人口素质、加大宣传力度外,还需要相应的法律法规和制度保障,例如建立绿色产品标识制度、在政府采购方面强制选用环境友好产品、再生资源制品,通过税收政策给予绿色产品产业更好的发展环境,提高对清洁水和垃圾处理收费等,为实现绿色消费提供一个良好的宏观环境。

第四节 循环经济与相关学科的关系

一、循环经济与资源经济学的关系

资源经济学是一门以资源管理及其可持续利用为对象,研究资源有效配置以及资源配置政策的收入分配效果的学科。通过考察和分析土地、森林、水、大气以及生态系统等资源与经济社会发展之间的相互关系,研究自然资源的优化配置问题,提出相关政策建议。

资源经济学的主要研究内容可概括为以下五个方面①:一是资源稀缺问题,即研究如何在稀缺资源中进行选择;二是资源的优化使用问题,主要包括不可更新资源的最优化开采率问题、可更新资源在更新率控制条件下的最优使用问题等,例如通过新技术和新方法的研究,为扩大资源利用量和提高资源承载能力提供定性和定量分析的研究方法;三是资源方面的"市场失灵"问题;四是资源的可持续发展问题;五是资源规划开发项目的评估与决策,通过资源开发项目的理论分析和实践应用,从科学角度进行重大资源开发项目的可行性分析,提高决策的科学性。

循环经济学与资源经济学的联系主要体现在:循环经济与资源经济学的研究对象存在共性,自然资源的合理开发利用以及与经济系统之间的相

① 傅国华编著. 循环经济学[M]. 北京:中国林业出版社,2007:58.

互作用均为二者研究的对象;循环经济与资源经济学的研究任务都是希望科学地控制与协调经济发展与自然资源之间的关系,尽可能高效利用自然资源、延长自然资源的服务年限,以达到经济社会的可持续发展。

循环经济与资源经济学虽然有一定的联系,但也具有明显的区别,主要体现在:资源经济学关注资源的短缺和有效利用,寻求资源与社会经济协调发展的最优模式,而循环经济的研究视角更为广阔,作为一种新的经济发展模式,研究的对象是物质资源在经济社会系统的循环流动,强调资源的高效利用和生态环境的保护。可见,自然资源与经济系统的作用关系只是循环经济研究中的一个分支。资源经济学追求的目标仅是提高资源开发和利用效率,尽可能延长自然资源服务人类的年限,循环经济则更注重资源的节约、高效及循环利用,将社会经济活动对自然环境的影响降低到尽可能少的程度。

二、循环经济与环境经济学的关系

环境经济学是以环境容量为基础,研究经济发展与环境保护间相互关系的交叉性学科,关注如何通过合理调节人类经济活动,使之符合自然生态平衡和物质循环规律,使社会经济活动建立在环境资源的适度承载能力基础之上[①]。

环境经济学的主要研究内容有下述四个方面:第一,环境经济学的基本理论和方法。这部分主要探讨环境经济制度、环境问题与外部性,揭示经济发展和科技进步与保护环境必须协调发展的客观规律,从理论和实践上阐明社会主义经济规律、价值规律等在环境保护领域中如何发挥作用,为制定我国的环境保护方针、技术经济政策、环境规划提供理论根据。第二,社会生产力的合理组织和环境资源的功能区别。环境污染和生态失调很大程度上是对自然资源的不合理开发和利用以及生产力组织不利等原因所造成的。因此合理利用自然资源,改革不合理经济体制与结构,调整生产力的布局,是保护环境最根本、最有效的措施。为此,要把环境质量改善作为经济发展成就的重要内容,把环境保护纳入经济发展计划,按照经济观点和生态

① 傅国华编著. 循环经济学[M]. 北京:中国林业出版社,2007:55.

观点相统一的原则确定生产力的合理布局。第三,环境保护的经济效果。环境保护的经济效果研究主要包括环境污染损失估价理论、污染防治优化方案的经济选择以及各种污染物排放标准确定的经济准则。第四,运用经济手段和方法进行环境管理。经济方法在环境管理中是与行政的、法律的、教育的方法相互配合使用的一种方法。经济方法通过税收、财政、信贷等经济杠杆,调节经济活动与环境保护之间的关系、污染者与受污染者之间关系,促使和诱导经济单位和个人的生产和生活活动符合环境保护的要求。通常采用的方法主要有:征收资源税、排污收费、事故性排污罚款、实行废弃物综合利用的奖励、提供优惠贷款等政策。

环境经济学与循环经济具有密切的联系,环境经济学提供的解决环境问题的相关研究成果为循环经济研究奠定了部分理论基础。但必须明确的是,环境经济学主要关注环境污染与保护问题,重点着眼于经济增长与环境保护的关系,而循环经济研究的对象是能量和物质资源在生态系统、经济系统、社会系统内部及其系统之间的合理循环流动,当中不仅涉及环境与经济发展问题,还要运用生态学、系统科学等多种学科理论对资源的合理配置、生产和再利用、再循环的规律进行研究。从研究对象来看,环境经济学当属循环经济研究中的一个分支。循环经济作为一种新的经济发展模式,在涵盖内容、研究范围上更为广泛,追求的最终目标是资源的高效利用和生态环境优化,使人类整体生活质量不断提高,而环境经济学追求的目标仅为环境保护和生态平衡。

三、循环经济与生态经济学的关系

生态经济学是一门研究自然生态系统和人类经济活动之间相互作用与影响并探究如何维系两者间长期动态平衡关系的学科。它研究的对象是生态系统和经济系统的内在联系,跨学科地将生态系统和经济活动结合起来,任务在于建立一个兼顾较高经济效益又能进行良性生态循环的生态经济系统。

目前有关生态经济学的研究还有待深化,主要研究内容包括:一是理论生态学研究。这部分内容旨在从理论上揭示生态经济发展的总体规律,为各门应用生态经济学提供基础理论,例如生态经济学的性质及学科体系,生态经济系统的结构、功能、目标及生态经济模型的理论,生态系统、技术系统和经济系统三者间的关系和地位、经济学中的资源配置理论和分配理论，生态学中的物质循环和能量流动理论，生态平衡与经济平衡、生态规律与经济规律、生态效益与经济效益的相互关系，生态系统的物流、能流、价值流与经济系统的物流、能流、价值流的关系，可持续发展理论研究以及技术系统在其中所起的作用研究等。二是应用生态经济学研究。主要涉及如何建立高效率、低消耗、无污染的良性循环系统，利用生态学原理建立合理的产业结构和体系，进行生态效益评价，各级生态平衡政策的设计与执行、国家政策与立法、国际组织与协议的制定等。三是方法论研究，如环境经济学中解决环境外部性的经济方法、相关的法律方法、哲学和伦理学的方法、系统论方法、控制论方法等。

循环经济与生态经济学具有很多共同点，生态经济学为循环经济的建立奠定了理论基础，因此生态经济学和循环经济的研究对象存在共性，都主要关注生态经济系统的矛盾运动发展规律及其应用，要求以生态学和经济规律指导经济活动。研究的任务也存在共性，目的都是建立一个理想的可持续发展的生态经济系统，都是一种新的系统观、经济观、价值观、生产观、消费观。区别在于生态经济学侧重研究生态系统与经济发展的辩证关系理论及其在各区域生态子系统中的应用。而循环经济特别关注物质循环和能量流动，旨在提高整个社会的资源循环利用率和生态效率，注重生产、流通、消费全过程的资源节约和高效利用，在资源不断循环利用的基础上谋求经济发展和社会进步，要求达到经济系统、社会系统、生态系统内部及系统之间的和谐统一，而生态经济学研究的对象则是经济系统与生态系统的有机统一体，生态经济在研究范围和研究任务方面均要小于循环经济。

综上所述，循环经济与资源经济学、环境经济学、生态经济学既有密切联系，也有着显著区别。资源经济学、环境经济学、生态经济学虽然都是循环经济的理论基础，但不能完全替代循环经济。循环经济作为一种全新的、促进人与自然和谐发展的经济发展模式，出现具有其历史必然性，是解决目前资源短缺、环境破坏问题的根本途径。

第四章

绿色 GDP 核算及物质流核算概述

如第二章第三节所述可以总结得出：目前国内学术界关于循环经济统计核算问题的探讨，主要可以概括为两种基本核算模式。一种模式是通过建立以“绿色国内生产总值（绿色 GDP）”为核心指标的绿色国民经济核算体系，对循环经济进行统计核算和评价，以“绿色 GDP”作为循环经济运行情况的有效测度，可以简称为“绿色 GDP 核算模式”，这一模式为大多数学者所接受。另一种模式是从物质变换的角度构建统计逻辑框架，通过各种层面的物质流分析与核算，反映社会经济活动对自然界的影响以及经济系统内部的物质循环平衡状况，对循环经济的运行情况进行合理评估，简称“物质流核算模式”。由于物质流核算模式在我国引入时间较晚，因此较少受到关注。第四章将重点对这两种核算模式做简要评述。

第一节　绿色 GDP 核算简述

近年来国内外对可持续发展问题进行了深入的研究和探讨，可持续发展的思想在全世界不同经济水平和不同文化背景的国家得到了普遍的认同,并正在付诸实践。可持续发展的核心思想概括来讲就是:健康的经济发展应建立在生态可持续能力、社会公正和人民积极参与自身发展决策的基础上,所追求的目标是:既要使人类的各种需要得到满足,个人得到充分发展,又要保护资源和生态环境,不对后代的生存和发展构成威胁。它特别关注的是各种经济活动的生态合理性,强调对资源、环境有利的经济活动应给予鼓励,反之则应予摈弃。

绿色 GDP 核算就是在可持续发展观的指导下,在现有的国民经济核算基础上进行资源环境调整,将经济过程中对资源、环境的利用作为经济产出的投入引入其间,即经济投入成本中,既包括自然环境向经济过程提供的资源、也包括自然环境接纳经济过程的排放物而提供的环境服务。相应的,绿色 GDP 是在 GDP 中扣除经济增长的资源环境成本后得到的核心指标。绿色 GDP 核算可以较好地衡量和测度可持续发展的水平。如果经济过程延续传统的发展模式,以过度消耗资源、损害环境为代价谋求经济增长,必然会在整个核算体系中突显出来,如较低水平的绿色 GDP。相反,如果在发展经济的同时,注意资源的有效利用和环境的保护,那么一个相对较低的资源环境成本也会在核算体系中得到反映,如直接表现为绿色 GDP 的显著增长。总之,绿色 GDP 核算通过对资源利用、环境污染及生态破坏的准确计量,有助于客观冷静地看待所取得的经济成就,认识一定经济成就背后的资源环境代价,从而积极采取措施降低环境损失。

一、国外绿色 GDP 核算研究概况

如何构建以"绿色 GDP"为核心的绿色国民经济核算体系,联合国、世界各国政府、著名国际研究机构和学者从 20 世纪 70 年代开始,就一直进行着理论探索。

1971 年美国麻省理工学院首先提出了"生态需求指标"(ERI),利用该指标定量测算与反映经济增长与资源环境压力之间的对应关系。1972 年,诺贝尔经济学奖获得者托宾(James Tobin)和诺德豪斯(William Nordhaus)提出净经济福利指标(Net Economic Welfare)。他们主张应该把都市中的污染等经济行为所产生的社会成本从 GDP 中扣除;同时,加上一直被忽略的家政活动、社会义务等经济活动。近年来,哈特维克(Hartwick)提出绿色

GDP是在国民生产总值(GNP)中扣除自然资源“消费”之后的指标,从总投资中扣除经济成本和不可再生、可再生资源的折旧所形成的真正投资,即净投资。

1973年日本政府提出净国民福利指标(Net National Welfare),其主要内容是列入环境污染,国家制定单项污染的允许标准,超过污染标准,列出治理污染所需经费,这些改善经费必须从GDP中扣除。按此计算,当时日本国内生产总值年增长8.5%,在扣除治理污染费用后,经济增长率降至5.8%。

1973~1982年,联合国开始研究环境统计的方法与模式,并编写出《环境统计资料编制纲要》。1982年联合国环境规划署(UNEP)发布建立环境账户的指导方针,为此后许多国家建立各自国家的环境经济账户提供了参考。

1981年,世界自然保护联盟发布报告《保护地球》,随之由世界银行在20世纪80年代初提出“绿色核算(Green Accounting)”的概念。

1983~1988年,联合国统计署与世界银行环境局、美国环保局合作,正式开展了环境与资源核算的研究工作,初步讨论了资源与环境核算同国民经济核算体系的关系问题。

1987年,联合国环境与发展委员会的研究报告《我们共同的未来》中提出“可持续发展”思想。从1987年开始,联合国与世界银行合作开展把环境与资源问题纳入发展战略之中的研究项目,并在此后几年连续开展多种研究合作。

1989年卢佩托(Rober Repetoo)等提出净国内生产指标(Net Domestic Product),考虑了自然资源的耗损与经济增长之间的关系,并选择自然资源非常丰富的印度尼西亚作为研究对象,按他们设计的指标进行计算。经计算,印尼在1971年到1984年间,国内生产总值(GDP)增长率达到7.1%,但扣除因石油耗损、木材减少,以及由于伐木引起的水土流失所造成的损失后,实际经济增长率仅为4.8%。

1990年世界银行资深经济学家戴利(Herman Daly)和科布(John B. Cobb)提出可持续经济福利指标(Index of Sustainable Economic Welfare,ISEW)。该指标考虑了社会因素所造成的成本损失,如财富分配不公,失业率、犯罪率给社会带来的危害;更加明晰地区分经济活动中的成本与效益，如医疗支出等社会成本不能算作是对经济的贡献等。按此计算，澳大利亚从1950年到1996年间，实际增长率只有官方公布GDP增长率的70%。

1990年，在联合国支持下，墨西哥率先实行绿色GDP核算。墨西哥将石油、各种用地、水、空气、土壤和森林列入环境经济核算范围，再将这些自然资产及其变化编制成实物指标数据，最后通过估价将各种自然资产的实物量数据转化为货币数据。在传统国内生产净产出(NDP)基础上，得出石油、木材、地下水的耗减成本和土地转移引起的损失成本。然后，又进一步得出环境退化成本。在资本形成概念基础上还产生两个净积累概念：经济资产净积累和环境资产净积累。

1992年，联合国召开世界环境与发展大会，可持续发展观被世界各国政府广泛认同。人们已经普遍意识到需要对传统的国民经济核算体系进行修正，力图从传统意义上统计的GDP中扣除不属于真正财富积累的虚假部分，从而再现一个真实的、可行的、科学的指标，即"绿色GDP"，以期衡量一个国家和区域的真实发展和进步，使其能更确切地说明增长与发展的数量表达和质量表达的对应关系。

1993年联合国统计局和世界银行合作，将环境问题纳入正在修订的国民经济账户体系框架中(UNSD)，并最终推出一个系统的环境经济账户(SEEA)。该账户第一次提出同SNA一致的解释环境资源存量和流量的系统框架，并首先在墨西哥、博茨瓦纳、泰国、巴布亚新几内亚等国进行了试点研究，以评价环境对经济发展水平的影响。环境经济账户体系(SEEA)一经推出，即在各国引起了强烈反响，是目前影响最广、被效仿最多的绿色账户体系。美国在同年即率先推出了反映本国环境信息的资源环境经济账户体系。1996年，印尼完成本国1990～1993年的自然资源环境账户核算，并初步进行了核算矩阵的构造及1990～1993年的实例估算。

1995年9月，世界银行首次向全球发布基于"扩展的财富"的概念，提出了衡量全球或区域发展的新指标，从而使"财富"概念超越了传统范式所赋予的内涵。"扩展的财富"由"自然资本"、"生产资本""人力资本"和"社会资本"4大组要素构成，学者们公认"扩展的财富"比较客观、公正、科学地反应了世界各地区发展的真实情况，为国家拥有的真实"财富"及其发展随时间的动态变化，提供了一种可比的统一标尺。

1996 年 Wackernagel 等人提出了“生态足迹(Ecological Footprint)”度量指标。主要用来计算在一定的人口和经济规模条件下,维持资源消费和废弃物吸收所必需的生产土地面积。

1997 年 Constanza 和 Lubchenco 等人首次系统地设计了测算全球自然环境为人类所提供服务的价值“生态服务指标体系(ESI)”。他们把全球生态系统提供给人类的“生态服务”功能分为 17 种类型,把全球生态系统区分为 20 个生物群落区,计算了“生态服务”价值与全球国民生产总值(GNP)之间的比例关系(1:1.18)。该指标体系的提出,对更加深刻理解人与自然之间的关系,揭示可持续发展的本质内涵,具有较高的科学价值。

1998 年,日本仿照 SEEA 提出广义的资源环境账户体系的理论框架(CSEEA),建立了较为完整的 SEEA 实例体系,给出 1985 年及 1990 年本国绿色 GDP 的初步估计,并将其用于环境政策的研究。

最近几年,世界银行定期发布各国绿色统计数据,2003 年出版了“绿色数据手册(The Little Green Book 2003)”。此外,英国、法国、巴西等 20 多个国家的政府都在绿色 GDP 核算方面进行了有益的探索和研究工作,也日益重视资源与环境问题。另外,目前国际上已经初步形成的比较有代表性的绿色 GDP 核算体系主要有:联合国综合环境与经济核算体系(System of Integrated Environmental and Economic Accounting,SEEA)以及以联合国的 SEEA 为指南,被许多国家修改而产生的适合本国国情的 SEEA;欧盟统计局的《欧洲环境的经济信息收集体系》(European System for the Collection of Economic Information on the Environment,SERIEE);荷兰统计局的《包括环境账户的国民经济核算矩阵》(National Accounting Matrix including Environmental Accounts,NAMEA);美国 Henry Peskin 教授发展及应用于菲律宾的《环境与自然资源核算项目》(Environmental and National Resources Accounting Project,ENRAP)等。但目前尚未形成国际社会公认并采纳的绿色 GDP 核算制度,联合国统计署、国际货币基金组织和世界银行统计部门进行的环境与资源核算主要基于联合国 SEEA 核算框架。

二、国内绿色 GDP 核算研究概况

近年来,国内关于绿色 GDP 核算的研究成果大量涌现,在研究过程中,

国内学者一方面追踪国际相关研究的最新进展，另一方面结合我国实际做出了一些具有中国特色的探索。比较有代表性的研究成果主要有：

1984 年，《公元 2000 年中国环境预测与对策研究》首次对全国环境污染损失进行了估算。1988 年受国际福特基金会的资助，国务院发展研究中心同美国世界资源研究所合作，开展“自然资源核算及其纳入国民经济核算体系”的课题研究，首次尝试进行了关于自然资源核算的探讨。

1990 年，过孝民、张慧勤主持了对“六五”计划时期环境经济损失的研究，这项研究在计量方法、数据处理、结果表述诸方面都有较高的学术价值和实用价值，被称为“过—张模型”。1994 年，由金鉴明主持的“中国典型生态区生态破坏的经济损失”研究，使得对中国生态破坏的经济损失有了一个比较持之有据的了解。1995 年，中国社会科学院环境与发展研究中心先后在国家环保局局长基金和联合国(大学)(UNU)支持下进行了“中国 90 年代环境污染与生态破坏的经济损失”研究。

1996 年到 1999 年间，北京大学应用“投入产出表”的基本原理，提出可持续发展下的“绿色”核算，即对中国资源—经济—环境的综合核算，并且对 1992 年中国的 EDP、GGDP 进行计算。该研究侧重于对“中国综合经济与环境核算体系”的核算模式、理论与方法的探索。并在 1999 年出版了以 1993 年版本的 SEEA 为基础的中国经济环境综合研究的专著，对我国 1992 年的环境(退化)和资源(森林、草原、石油、煤炭和天然气)使用纳入经济体系的综合核算进行了初步研究。该研究建立了我国国家尺度上的环境经济综合核算框架(CSEEA)，估算出 1992 年全国的资源枯竭和环境退化成本约占当年 GDP 的 4.87%。

1998 年，受联合国大学(UNU)资助的“中国可持续发展框架”课题组对中国 1993 年环境污染经济损失进行了研究。同年，国家环保局依据世界银行“扩展的财富”的思想、概念和计算方法，对中国 1978 年以来的国民储蓄率进了计算与分析。该研究主要侧重于将自然资源环境核算纳入国民资产负债(国民财富)核算的方式、核算途径、以及实际操作的研究与实践。

2000 年，北京市社会科学院研究人员设计了以绿色 GDP 为核心指标的核算体系，并以北京市为对象，系统地进行了 1997 年的环境质量和资源资产的经济价值和绿色 GDP 测算。

2001年，中国科学院可持续发展战略研究组，依据世界银行“扩展的财富”的思想、概念和计算方法，对中国1978年以来的国民储蓄率进行了计算与分析。同年，国家统计局开展自然资源核算工作，重点是试编“全国自然资源实物量表”，包括土地、矿产、森林、水资源四种自然资源。通过编表，可基本搞清这四种资源的存量规模和结构状况。“全国自然资源实物量表”兼顾各种自然资源的不同特性，突出了宏观核算特点，并计划开展“海洋资源实物量核算”、“土地、矿产、森林、水资源价值量核算”、“环境保护与生态建设实际支出核算”、“环境核算”以及综合经济与资源环境核算。

国家统计局《中国国民经济核算体系——2002》新设置了2张附属表——自然资源实物量核算表和人口资源与人力资本实物量核算表，并制定了相关核算方案。此外，国家统计局和挪威统计局合作，编制了1987、1995、1997年中国能源生产与使用账户，测算了我国八种大气污染物的排放量，并利用一般均衡模型分析并预测了未来20年中国的能源使用和大气排放趋势。

2004年，国家统计局和国家环保总局成立绿色GDP联合课题小组，后又加入发改委和林业局，加紧研究适合我国国情的绿色GDP核算体系，用以衡量经济发展过程中付出的资源环境代价。计划首先对能源、土地、矿产等自然资源“实物量”的增减情况进行统计，待条件成熟后，再进行绿色GDP核算。

2004年6月，国家环境保护总局和国家统计局联合主办“建立中国绿色国民经济核算体系国际研讨会”。会议提出，为落实科学发展观、实现经济社会可持续发展，我国将在未来3至6年内初步建立符合中国国情的绿色GDP核算体系框架。来自美国、欧盟、联合国、亚行和中国国内外近百名官员和专家学者参加了会议。会议重点讨论了绿色国民经济核算与科学发展观、绿色国民经济核算的国际经验、建立中国绿色国民经济核算的框架、自然资源与环境核算技术方法等项课题。

2004年9月，国家统计局和国家环保总局经过研究，通过专家论证，确立了绿色GDP核算体系的两个框架性技术方案：《中国资源环境经济核算体系框架》和《中国环境经济核算体系框架》，其中《中国环境经济核算体系框架》首先应用于绿色GDP试点核算工作，试点工作于2005年3月开始，计划一年半到两年以后，推广到全国，这标志着我国环境经济核算研究已经开始从理论探索向实践运用过渡。

2006 年 9 月，国家环保总局和国家统计局发布了我国第一份绿色 GDP 核算研究报告——《中国绿色国民经济核算研究报告 2004》，这份报告展示了中国首次将环境污染成本纳入 GDP 核算的基本方法和主要核算结论，标志着中国的绿色国民经济核算研究取得了阶段性成果。同时，国家环保总局副局长潘岳表示，下一步，环保总局将重点研究如何利用绿色国民经济核算结果来制定相关的污染治理、领导干部绩效考核制度等环境经济管理政策。

以上主要是一些研究机构和政府部门主导形成的研究成果，还有很多知名学者在绿色国民核算领域一直跟踪前沿，成果卓著。在资源环境统计、可持续发展核算、绿色 GDP 核算理论与方法、绿色投入产出及环境经济综合核算等研究领域都取得了较为丰硕的研究成果，有力地推动了我国绿色国民核算研究的深入开展。

总的来看，我国绿色 GDP 核算研究的主要特点是：紧密跟踪国际相关研究的最新进展，结合我国实际取得了大量的研究成果；研究机构与政府部门联系紧密，政府部门非常重视绿色 GDP 相关核算的研究，并展开了大量的实践活动。不足之处在于：由于绿色 GDP 核算研究本身的复杂性，目前并未形成较为统一的绿色 GDP 核算方法和核算体系，研究成果差异性较大。特别是在资源环境核算方面，还没有形成被普遍接受的、说服力很强的估价方法。政府部门对于绿色 GDP 的开展意见也并不统一，还存在一些分歧，研究成果向实践转化还需要很长的时间。

三、绿色 GDP 核算中的难点

绿色 GDP 核算作为一项庞大的系统工程，目前还面临着技术、制度和观念等方面的种种问题，如“资源与环境的产权界定和非市场定价”作为两大核算难题至今未得到合理解决，严重阻碍着绿色 GDP 核算研究的进一步开展，也正因为如此，全世界还没有一套公认的绿色 GDP 核算体系，也没有哪一个国家就全部资源耗减成本和全部环境损失代价计算出完整的绿色 GDP。

(一)资源、环境的量化估价难度大

资源环境的核算通过两种基本手段来实现,即实物量核算和价值量核算,价值量核算要建立在实物量核算的基础之上。GDP 通常是以市场交易为前提的,产品和劳务一进入市场,其价值就由市场供求关系来决定,它传达出来的是以货币为手段的市场价格信号。然而,资源、环境是无价的。能够进入市场交易的资源可用市场交易价格来估价,但不能交易的各种资源的估价就争议很大,特别是相对于自然资源,无形环境的价格就更不容易确定。如许多自然资产同时具有生产性和非生产性的属性,其产权界定非常困难;在资源市场不成熟的情况下,资源利用的实际价格并非为市场均衡价格,有些自然资源还同时具有一些环境属性,使问题的分析更为复杂化。对于环境污染核算,目前的核算难点主要在于:环境污染核算的对象难以确定,随着人类活动方式的改变、对环境认识能力和生活水平的提高,关于环境质量的要求、环境标准也将发生改变,这都使得环境污染核算的对象具有时变性;环境污染和损失之间的函数关系难以确定;环境污染造成的损失在核算中大都只能用替代市场法对其市场价值进行估价,这就使关于损失的估算结果具有很大的不确定性。

(二)绿色 GDP 核算缺乏微观核算基础

GDP 核算是建立在统计、会计、业务核算基础之上的宏观核算。而统计、会计、业务核算的基础是微观企业核算。绿色会计核算是绿色 GDP 核算体系的微观基础。有专家提出建立绿色会计核算制度,将自然资源和生态环境资源纳入企业的会计核算对象,从而使自然资本和社会效益通过会计工作清楚明了地反映出来,以便于评估企业的资源利用率和环境代价,从而有效引导企业走环保之路。但从会计理论与实践看,科学合理、系统完整的企业绿色会计理论与方法体系还有待研究,具有可操作性的绿色会计准则短期内还难以建立。

(三)环境度量与经济统计在方法上的不兼容性

经济统计对经济活动的描述具有内在的统一性,因为这些活动具有共同的性质:有人的劳动参与其中,基本上是在市场上发生,即使不在市场上发生也可以找到与市场的联系。但环境则基本上存在于市场之外,人类关注环境并非仅仅出于此种原因,而是可以扩展到舒适、审美、生存等各个方面。对环境予以统计常常着眼于外在形状及其各种生物、物理化学特性，却难以用货币去度量。

（四）资源环境的损耗与经济发展存在时间差，准确测度非常困难

工业污染引发的生态破坏和健康损失是污染发生之后逐渐显现的，有的需要几年、十几年甚至几十年才被发现，其成本核算期难以确定。而且，在描述环境与经济之间的这种动态关系时，既存在实物数据搜集的困难，又存在实物数据估价方法确定上的困难。

目前多数学者的意见是通过绿色 GDP 核算实现对循环经济的统计核算与评价，现有的大量循环经济研究成果中，政策建议部分或下一步研究方向中大都提出有必要通过建立绿色 GDP 核算体系，考核循环经济的发展水平。但对于循环经济和绿色 GDP 核算二者之间的深层次关系、绿色 GDP 核算能否切实反映循环经济的发展状况以及现实的可操作性等问题缺乏系统的论证。

第二节 物质流分析方法简介

一、物质流分析方法的理论基础——社会代谢论

生态学中的社会代谢(Society' s Metabolism)理论[①]是物质流分析方法的理论基础。代谢(Metabolism)一词来源于希腊语，本质涵义是“变化或者转变”。关于代谢的论述最早见于 1857 年莫而肖特(Jarob Moleshott)的著作，莫而肖特是荷兰著名的生物学家和医学家，他认为生命是一种代谢现象，是能量、物质与环境的交换过程。此后，关于代谢论的研究形成了两个重要的分支：一支向生物学中的生物化学方面发展，另一支则向生态学方面发展。生物化学更多的关注于细胞、器官、有机体的转化过程，生物化学中的“代谢”指的是在一个活细胞中维持细胞稳定和成长的所有物质的生物化学反应的综合表现。从有生命的单细胞到复杂的人体，都与周围环境不断地进行着物质交换，这里的物质一般是指营养物质。而生态学更多的关注

① 陶在朴．生态包袱与生态足迹——可持续发展的重量及面积观念[M]．北京：经济科学出版社，2003：15－20．

于生物与环境以及生物与生物之间的相互关系，随着人类活动范围的扩大与多样化，人类与环境的关系问题越来越突出，近代生态学研究的范围除生物个体、种群和生物群落外，已扩大到包括人类社会在内的多种类型生态系统的复合系统，人类面临的人口、资源、环境等几大问题都是生态学的研究内容。生态学中把生物与环境的关系归纳为物质流动及能量交换，因此生态学中的“代谢”被理解为生态系统能量转换和营养物的循环过程，生态系统的代谢功能就是保持生命所需的物质不断地循环再生。

生态学中的社会代谢理论主要研究的是人类社会物质消耗与生态间的关系，其基本观点如下：人类社会不仅包括一定数量的人口，而且还包括属于人的各种生物物理机构（牲畜、基础设施等），人类从自然系统获取所需的水、空气、生物性及非生物物质，经过社会—经济系统的代谢作用（生产、消费等）把废弃的物质排放到自然之中。通过与自然环境之间的物质和能量交换过程，人类社会实现了自我繁殖和生物物理结构的再生。人与自然之间的物质和能量交换过程，类似于生物体的代谢过程，因此称之为“社会代谢”。社会代谢论认为社会劳动是人类与自然界联系的方式，经济活动“是以人自身的活动来引起、调整和控制人和自然之间物质变换的过程”，人类社会与自然系统通过能量与物质的交换，改造自然界和改变人类自己，维系经济系统的生存、发展。人类社会只有在保持物质合理流动和生态平衡时，才能保持、促进社会经济的可持续发展。这里，社会经济系统被看作是自然环境系统中一个具有代谢功能的有机体，该有机体对自然环境的影响可以用其代谢能力（就如该有机体从自然环境中摄取的以及排泄到自然环境中的物质量）来衡量。也就是说，人类活动所产生的环境影响在很大程度上取决于进入经济系统的自然资源和物质的数量和质量，以及从经济系统排入环境的废弃物的数量和质量。前者产生对环境的扰动，引起资源的耗竭和环境的退化，后者则引起环境的污染。可以发现，社会代谢论中最主要的问题就是整个社会的物质吞吐量（Material Throughput），即社会经济系统吞进（投入）和吐出（排放）物质的规模。

近年来，由于人类活动对自然环境造成的巨大扰动导致了环境为人类提供资源和服务功能的不断下降，逐渐出现了一系列诸如能源危机、资源短缺、环境污染以及生态系统功能退化等关乎人类生存的重大问题。社会代谢论也从定性研究人与自然间的关系和相互作用，逐步发展到定量研究社会经济系统与生态系统之间的物质交换、量化社会代谢规模和构成及其与经济增长和环境状况之间的关系。

此外，1989 年美国环境生态学家 R. A. Frosch 首次通过模拟生物新陈代谢过程和生态系统的循环再生过程提出了"工业代谢"的概念，其后 N. E. Gallopoulos 等人提出了"工业生态系统"和"工业生态学"的概念。工业生态系统是指在一定的区域或范围内，由制造业企业和服务业企业组成，通过企业间物质循环和能量流动的功能流相互作用、相互联系而形成的生态工业体系。即把工业经济活动视为一种类似于自然生态系统的循环体系，其中一个企业产生的废物或副产品作为下一个企业的"营养物"原料，形成企业"群落"工业链。

如前所述，循环经济理论的宗旨是运用生态学规律指导人类经济活动，按照物质循环规律重构经济系统运行规则，使经济过程融入自然生态过程中，循环经济关注的中心问题也是社会经济系统的"物质吞吐量"，所以关注社会经济系统"物质吞吐量"的社会代谢理论为循环经济统计核算提供了重要的理论指导和支持，社会代谢论的相关数量分析方法也为循环经济统计核算提供了可以借鉴的核算和分析工具。

二、物质流分析——社会代谢理论的重要数量分析工具

物质流分析是在社会代谢论的基础上，定量描述经济系统与自然环境之间的物质交换，度量输入、输出以及经济系统内的物质存量，客观反映经济系统的代谢规模——物质吞吐量的一种分析方法。通过追踪物质从自然界开采到进入人类经济体系中，并经过经济活动在各种人类社会阶段中移动，最后回到自然环境中的整个过程，物质流分析既能反映经济活动创造的物质财富，又能体现经济活动对自然环境造成的压力，是目前衡量经济可持续性的有效分析工具之一。

物质流分析方法作为研究社会经济系统中物质流动的方法，起源于欧洲，基本思想的发端可追溯到 1968 年 Ayres 和 Kneese 的文章[①]，文章中第

---

① Ayres R U, Kneese A V. Production, Consumption & Externalities [J]. America Economic Review, 1969, 59(3):282－297.

一次进行了基于经济学观点的国家尺度物质流分析的尝试。1978 年，Ayres 首次提出了利用“物质平衡原理”考察国民经济的物质流动，G·Wernick 和 Aushel 在 Ayres 的基础上针对美国的物质流平衡，提出了国家物质流分析的基本框架。此后，社会代谢、物质平衡等理论的不断完善为物质流分析方法应用于整个经济系统进行研究奠定了坚实的基础。经过多年的摸索，1990 年奥地利、日本和德国分别提出了国家级的整体 MFA 报告，对各自国家经济系统的自然资源和物质的流动状况进行了分析，揭开了经济系统物质流分析方法在世界范围广泛应用的序幕。此后工业化国家的 MFA 研究普遍开展，尤其是欧盟国家。1996 年欧洲委员会成立“一致性行动”(Concerted Action)的“协调账户(Con Account)计划”平台，该平台的成立可认为是经济系统物质流分析国际合作的里程碑。2001 年欧盟统计局(EUROSTAT)运用物质流分析方法对欧盟 15 国的物质输入进行了统计分析，这是物质流分析方法第一次也是迄今为止唯一一次应用于区域经济系统，编辑并出版了第一部经济系统物质流分析研究方法指导手册[①]，该手册的出版对经济系统物质流分析的研究起到了很重要的作用。2002 年欧盟统计局也发布了其所有成员国以及欧盟地区的物质流输入和消费统计结果。世界资源研究所(WRI，World Resources Institute)也一直致力于 MFA 的研究，1997 年该机构对德国、日本、奥地利、荷兰和美国的物质投入量进行分析，完成了“工业经济的物质基础”的研究报告。2000 年又完成了“国家之重”的研究，对德国、日本、奥地利、荷兰和美国的物质排出流进行了分析。

总的来看，物质流分析方法已得到世界上许多国家的承认和重视，目前已经对本国经济系统进行过完整的物质流分析的国家有美国、意大利、芬兰、瑞典、英国、德国、日本、荷兰、奥地利、丹麦等国家。这些国家利用物质流分析方法对经济系统运行中的物质投入、输出和存量进行定量分析，客观地反映社会、经济系统的代谢规模——物质吞吐量，并结合物质流分析衍生指标测度经济活动对生态环境造成的压力，为相关政策的制定提供理论依据。此外，巴西、哥伦比亚等南美洲国家和泰国、菲律宾等东南亚国家、捷克、中国等地区的物质流分析也在研究之中。值得关注的是目前物质流分

---

① EUROSTAT. Economy-ide Material Flow Accounts and Derived Indicators: Methodological Guide [M]. Luxembourg, 2001. 9－15.

析多集中于国家层面，低于国家层面的物质流研究，由于数据的可获得性还有待展开，将是未来物质流分析的热点和难点之一[①]。

在跨区域和单物质流动分析方法的运用上，2005 年，Weisz 和 Fridolin 跨越一国经济系统，对欧盟 15 国的资源利用状况进行了物质流分析比较。2006 年，常瑜运用 IMAGE 模型数据计算世界 17 个国家和地区的四个不同方案的物质流指标中物质需求总量、物质消耗强度、物质生产力的数值。美国 Yale 大学森林与环境学院的研究人员对重金属如银、铜、锌等在不同尺度上的流动特征做了大量细致的研究。2004 年，Binder 运用物质流分析对瑞士的 AR 地区木材从森林到木材加工到消费的流动过程进行了量化分析。Igarashi，Yuma 等通过分析日本不锈钢企业生产的动态物质流动，对日本在将来封闭式情况下不锈钢生产过程中排放的潜在减量进行评估。另外，陶在朴(2003)完成了 1997 年奥地利家庭的物质流核算，得出了奥地利家庭物质投入与产出表。

我国的物质流分析起步较晚，总体来看，相关研究还处于起步阶段。在物质流分析方法及相关指标领域，徐明(2004)研究了中国经济系统与自然环境间的相互作用，为可持续发展提供了可度量的指标。徐一剑等(2004)运用物质流分析方法对贵阳市的经济增长状况进行了初步分析。周国梅等(2005)建立了基于物质流分析的循环经济评价指标体系。刘伟等(2005)对区域物质流分析指标体系进行了研究，探讨了区域物质流分析指标体系的建立原则，随后构建了区域物质流分析的指标集及主要的分析指标。陆钟武(2006)提出了物质流分析的跟踪观察法。刘滨等(2006)介绍了日本等国以物质流分析方法计算国家资源投入、废弃物产生和再生利用的经验。彭建(2006)等将物质流分析方法应用于区域可持续发展生态评估体系。黄和平等(2006)以常州市武进区为例，运用物质流分析方法构建了区域循环经济评价指标体系和权重体系，确立了区域循环经济评价指标分级标准及评判模型。夏训峰(2006)等对经济—环境系统的物质流分析方法和实物投入产出法进行了比较研究。单永娟等(2007)对经济系统物质流投入产出表的编制进行了研究。徐一剑等(2007)进行了基于三维物质投入产出表的区域

---

① Bringezu, H. Schutz, and S. Moll. Rationale for and Interpretation of Economy-wide Material Flow Analysis and Derived Indicators [J]. Journal of Industrial Ecology, 2003, 24(2): 43－64.

物质流分析模型的研究。孟民(2008)根据物质流、能量流、信息流等构建了吉林省生态经济城市的评价指标体系。

在实证测算方面,徐中民等(2003)、刘敬智(2004)、陈效逑等(2000)分别对我国1999年的生态足迹、1990～2002年的物质流账户及其指标、1989～1996年间我国经济系统的物质需求总量、物质消耗强度和物质生产力进行了计算与分析。李刚(2004,2005)测算了1995～2002年我国经济系统的物质输入和输出等相关指标以及1995～2003年我国对外贸易的物质流情况。徐明(2004)对1990～2000年间我国经济系统所使用的化石燃料数据进行了统计分析。刘滨等(2006)分析了我国2000～2003年直接资源投入量的变化趋势以及与其他发达国家的差距。李丁等(2007)对国内19个主要城市的物质流进行了核算。蔡九菊和陆钟武等(2006,2008)对钢铁行业的物质流进行了较系统的研究,建立了物质流模型以及铁流模型、吨钢的排放量计算模型。罗璇(2004)对我国1996～2003年间的铁元素物质流帐户数据进行了详尽阐述和分析。

都沁军(2008)构建了矿产资源开发物质流分析的账户体系及指标体系。周兴龙等(2008)提出了选矿厂物质流实物核算和价值流分析的二元微观物质流分析方法。闫东(2003)基于物质流分析法对水泥企业环境压力进行了研究,提出了单一的环境压力指标——环境压强。陈超等(2007)对我国2000～2005年水泥生产过程中的物能代谢和环境负荷状况进行了定量评价。岳强(2006)采用定点观察法和跟踪观察法分析了我国1998～2003年的铜循环状况。张莓(2004)参照国外的物质流程研究方法及其有关数据,对我国矿产品——铜的物质流程进行了研究。

刘征等(2005)运用物质流分析方法对我国磷资源产业的整个生命周期进行了定量描述和分析。刘毅等(2006)建立了2000年全国水平上的静态磷物质流分析模型,并对中国磷循环系统的结构特征与物质利用效率特征进行了系统识别。姜文英(2006)围绕典型铅锌冶炼企业循环经济物质流分析方法的构建及分析方法的具体应用展开了深入的研究。张音波等(2007)运用物质流分析方法和IPAT方法,对广东省经济系统在1990～2005年期间的自然物质输入与物质输出进行计算分析,并与江苏省进行了对比。王军等(2006)对青岛市城阳区物质流动现状和主要影响因素进行了分析,并将城阳区经济社会系统的资源生产率和资源消耗强度进行了国际对比。

纵观现有文献，已有的研究成果大都是根据欧盟的研究框架，以我国国家层面或省级层面的经济系统为研究对象，对不同年份输入和输出经济系统的物质流进行核算和分析。产业部门的物质流分析相对较少，且偏重能源矿产采掘业，其他物质生产部门关注较少。另外，研究大多侧重于实证分析，理论分析相对薄弱。针对国内相关社会经济与生态环境统计调查口径的差异，对国外物质流分析研究框架在我国的适用性分析，以及相应的模型修正，尚无人涉足。

第三节 可行的循环经济核算模式分析

鉴于循环经济统计核算问题的研究在我国还处于初步探索阶段，就目前两种可能的核算模式而言，究竟哪一种核算模式更能客观反映循环经济的运行全貌？更具现实可操作性？认清这些问题对下一步研究的有序开展具有十分重要的意义。

总的来看，现有的两种核算模式：绿色GDP核算模式和物质流核算模式，都是在可持续发展理念指导下形成的研究成果，尽管两者核算的角度不同，总体目标都是反映经济活动对生态环境所造成的影响、对可持续发展水平进行科学的定量测度。但对循环经济统计核算问题来讲，哪种核算模式更为合理，关键在于其是否能够切实反映循环经济的本质和运行机理，是否能够达到循环经济统计核算的基本目的。

目前学术界关于循环经济本质和运行机理的认识已经比较统一，即循环经济的本质是生态经济学，其运行过程遵循的是“资源—产品—再生资源”的闭环型物质流动模式，认为若经济系统控制物质的投入量，并按照生态规律安排生产活动，降低物质的排放量，将经济系统对生态系统的影响降为最低，就能够实现社会经济与生态环境的可持续发展。由此可见，循环经济的核心问题其实就是“物质循环”，“物质循环”是维持自然生态系统和经济系统和谐发展、实现可持续发展的主要形式和实现路径。因此要反映循环经济的发展状况、监测和评价其发展水平，要关注的核心问题也应是“物质循环”。即循环经济统计核算的基本目的和要求是对经济系统的物质投入量、物质排放量，物质在经济系统内的循环利用情况进行核算分析，并给出反映物质利用效率和强度方面的总量指标，以促进社会经济系统资源利用效率的不断提高，实现经济、社会和环境协调发展的循环经济实践模式。

基于以上考虑，物质流核算模式是循环经济统计核算更为合理可行的模式，主要原因如下：首先，物质流核算模式的理论基础——社会代谢论和循环经济理论一样，都认为物质流动是经济系统和生态系统相互作用、相互影响的基本形式。社会代谢论认为：人类社会与自然系统通过能量与物质的交换，改造自然界和改变自己，只有在保持物质合理流动和生态平衡时，才能保持社会经济的可持续发展。其次，物质流核算模式紧扣循环经济关注的核心问题“物质循环”展开分析的逻辑架构，以经济系统为中心，对经济系统的物质投入量与排放量、物质存量等进行核算与分析，主要探讨物质投入、消耗以及物质循环各项间的关系。通过研究物质在经济系统中输入—贮存—输出的实物量变动，揭示物质的流动特征和转化效率。再次，循环经济发展的基本要求即在经济过程中尽可能减少物质投入，有效利用资源，并且系统的避免和减少废物，即缩减排放量。可见，关注“物质流动”的物质流核算能够成为循环经济管理的重要技术支撑和核心调控手段。最后，通过物质流核算获取的一系列指标，如物质投入类指标、物质存量指标、物质排放类指标和物质消耗强度及效率指标等，能够综合反映整个社会经济系统中的物质流动基本情况和物质使用效率，有助于促进经济系统资源利用率的不断提高和资源循环量的增加，这正是循环经济统计核算和评价要达到的基本目的。

绿色 GDP 核算虽然是目前被普遍接受的衡量可持续发展水平的有效工具，但就循环经济统计核算问题而言，绿色 GDP 核算模式显然不能满足分析的要求。绿色 GDP 核算关注的中心问题是如何“绿化”现有的宏观经济指标，将经济增长过程中的资源环境代价从现有的宏观经济指标中扣除，所以对资源环境的计量特别关注其“货币化价值”，导致许多非直接进入经济体系却对环境造成影响的物质往往因为无货币价值而被忽略，这与循环经济关注“物质循环”的本质不相符合。其核算的中心指标“绿色 GDP”也不能直接体现经济系统中物质循环利用的程度，因此难以反映循环经济的真实发展水平。

另外，比较绿色 GDP 核算模式，物质流核算模式的现实可操作性更强。如前所述，绿色 GDP 核算将资源消耗、环境退化纳入了经济发展评价，不仅有利于保护资源和环境，促进资源可持续利用和经济可持续发展，而且有利于加快经济增长方式的转变。但是实施绿色 GDP 核算有许多难题需要解决，其中的难题之一——资源环境成本的货币化问题，在很大程度上影响了绿色 GDP 核算模式在实践中的有效开展。而物质流核算模式采取实物量核算方式，以物质质量作为物质输入、输出的计量标准，不仅避免了货币化难题，且核算具有相对独立性，易与现有核算体系衔接，现实可操作性更强。

总之，从逻辑架构、根本目标以及现实可操作性等方面来看，物质流核算模式是循环经济统计核算较为可行的核算模式。因此，依据物质流核算模式构建物质流分析账户，对经济系统的物质流动进行全面分析，实施物质流管理，有助于监测和分析循环经济的发展水平，制定科学合理的循环经济政策和发展战略。

第五章

我国循环经济统计核算总体框架的构建

在对现有文献进行系统综述以及相关理论分析的基础上，第五章借鉴国内外已有的研究成果，结合循环经济的运行机理和特征，对循环经济统计核算的若干基本问题进行研究和分析，并试图给出我国循环经济统计核算的总体框架安排。

第一节　循环经济统计核算的目的及核算框架设计原则

一、循环经济统计核算的主要目的

构建科学系统的循环经济统计核算框架，首先必须明确循环经济统计核算的目的，因为只有目的和方向明确，核算框架的构建才具有现实的针对性和可实施性。综合来看，本书构建的循环经济统计核算框架的目的主要集中在以下三个方面。

（一）提供循环经济运行数据信息

提供数据信息是循环经济统计核算要达到的首要目的。循环经济是多部门、多产业、多学科构成的综合而复杂的运行系统，各部门、各环节之间存在着错综复杂的经济联系，要准确地了解和把握整个循环经济的运行情况，必然需要强大的数据支撑。因此循环经济统计核算要借助一系列科学的核算原则和方法，力图全面描述循环经济各个方面的运行情况，勾画循环经济的运行概况，提供关于循环经济运行情况客观翔实的宏观及微观数据，以利于各级政府和部门以及社会公众及时掌握循环经济运行的情况和特征，提高了解和把握循环经济运行的能力，满足循环经济管理和发展的需要。

（二）进行循环经济定量监测与评价

建立科学系统的循环经济统计核算体系，提供循环经济全面准确的数据信息，根本目的在于实现对循环经济的定量监测和评价。首先，通过确定循环经济切实可行的发展目标，在客观翔实的数据基础上，对循环经济的发展进行有效的监测、检查和督促，有利于管理决策部门及时发现循环经济运行过程中的矛盾和问题，分析其产生的原因并采取积极合理的应对措施，促进循环经济的良性发展。其次，科学的循环经济核算与评价体系的建立和实施有助于客观认识循环经济的发展阶段，为管理决策提供科学依据。另外，循环经济的统计核算和评价还有助于比较不同地区间循环经济的发展程度，在比较中找出差距和薄弱环节，分析落后原因和交流成功经验，以促进区域循环经济的共同发展。由上可见，循环经济统计核算要以为循环经济监测和评价提供系统的指标体系及数据基础为基本目的。

（三）为循环经济发展提供咨询服务

通过提供翔实可靠的数据信息，描述循环经济发展的全貌，并对循环经济实施有效监测和评价，循环经济统计核算体系将为管理决策部门提供良好的咨询服务，有利于管理决策部门科学制定相关循环经济发展规划及各项循环经济宏观调控政策。

总之，循环经济统计核算框架的构建，是促进我国循环经济发展的基础性工作。核算框架提供的翔实可靠的数据支撑功能，必将有助于实现对循环经济的有效监测和评价，以及为相关部门提供良好的咨询服务。

二、循环经济统计核算框架设计的基本原则

在循环经济统计核算框架的设计过程中，必须遵循一系列基本原则，这

些原则同时也是客观现实对核算框架提出的基本要求，将成为整个核算框架设计过程的指导性思想。

（一）整体性原则

循环经济是集经济、技术和社会于一体的复杂系统工程，因此必须用整体性的观点对循环经济进行核算和分析，构建的循环经济统计核算框架要力图全面反映循环经济的运行过程及其内部各要素间的经济联系和全貌。

（二）层次性原则

循环经济体现在经济活动的所有层面上，因此构建的循环经济统计核算框架应遵循层次性原则，力图反映循环经济在各个运行层面上的发展概况，以形成循环经济统计核算的有序网络体系。同时，应重视不同层面循环经济统计核算的密切联系，宏观层面的循环经济统计核算是微观、中观层面核算的统帅，而微观、中观层面的循环经济统计核算是宏观层面核算的数据基础。

（三）衔接性原则

构建的循环经济统计核算框架应充分重视与联合国 SEEA 相关内容方法、中国国民经济核算体系和资源环境统计体系的衔接问题，尽可能综合利用已有的核算基础，避免另起炉灶。本书构建的循环经济统计核算框架定位于资源环境经济统计核算的实物量核算范畴，鉴于联合国推荐的综合环境与经济核算体系（SEEA）在全球范围内的广泛影响和指导意义，循环经济统计核算框架应尽可能与 SEEA 框架接轨，在基本概念的定义、核算内容的确定、核算账户的设计等方面尽可能与 SEEA 框架保持一致。另外，由于资源、环境问题具有地域性特征和不同的管理目标，各国进行资源环境核算的基础存在着很大差异。因此，循环经济统计核算框架不仅要借鉴国际上的先进经验，尽可能与国际 SEEA 框架相接轨，而且要适应中国现实情况，依托现有的中国国民经济核算体系和资源环境统计体系，充分吸取已经取得的实际经验，尽可能与中国现有的国民经济核算体系、资源环境统计体系相衔接。构建的循环经济统计核算框架必须要具有中国的特点，努力成为未来中国国民经济核算体系的重要组成部分，服务于中国的社会经济与环境的协调发展。

（四）可操作性原则

循环经济统计核算是一个较新的研究课题，因此在研究中一方面需要充分借鉴已有的研究成果，紧扣循环经济的运行机理，创造性地提出循环经济统计核算的理论框架。另一方面需要立足中国实际，考虑循环经济统计核算的实际难度以及数据资料的可获得性，使理论框架具有现实的可操作性。另外，由于篇幅和力量所限，本书构建的循环经济统计核算框架重在初步勾画循环经济统计核算的合理模式，为进一步的研究实践和具体核算提供研究思路，不纠缠于具体核算操作方法，这些具体操作方法在实践中将逐步得以发展和完善。同时，由于循环经济统计核算框架的建立不可能一蹴而就，而是要在不同层面、着眼不同主题、在不同区域进行各种探索实践。因此，核算框架的设计需要体现开放性原则，在实践中将不断吸收新的内容、方法。

（五）导向性原则

循环经济统计核算的根本目的在于通过一系列核算账户、表格和数据，提供有关部门决策管理所需的信息和资料。因此，循环经济统计核算不仅仅是为了核算而核算，而是要与国家的循环经济政策导向相一致，要为循环经济监测与管理服务。因此，在设计循环经济统计核算框架时，需要考虑到循环经济发展政策的要求、领导政绩考核的改革、国民经济核算改革的趋势，以及国家环境保护的政策导向等因素。

第二节 循环经济统计核算基本框架的构建

紧扣循环经济的本质和运行机理，结合循环经济统计核算的基本目的和核算框架设计原则，借鉴社会代谢理论的物质流分析框架，并综合考虑我国现有国民经济核算体系的口径和实施情况，本书提出了如下的循环经济统计核算基本框架，基本框架是对循环经济统计核算工作的整体安排。

首先，从纵向上看，根据系统性原则，循环经济统计核算框架拟从以下三个有序衔接的层面展开——即国家层面、区域层面和企业/家庭层面。这也是由循环经济本身的运行模式决定的，即循环经济在国家层面的大循环、区域层面的中循环和企业/家庭层面的小循环。从图3－2－1中可以清晰地看到循环经济各层面的详细运行机理，即整个经济系统的循环路径以及产品生产和产品消费阶段的企业以清洁生产为主、家庭以绿色消费为主的小循环运行路径。

由于国家层面和区域层面的循环经济统计核算基本框架安排具有很强的相似性，区别只是考察的地域范围大小有所不同，区域层面的数据获得可能相对国家层面要困难一些，因此可以合并给出统一的国家/区域层面的循环经济统计核算体系。企业/家庭层面的循环经济统计核算具有非常重要的理论和现实意义。作为经济活动的基本单位，只有将循环经济的发展理念落实到企业，才能真正使循环经济运行畅通。企业的循环经济统计核算可以监测企业的循环经济运行情况，对企业循环经济运行的形式、内容、方法和技术进行分析，有助于企业将循环经济的“减量化，再利用、资源化”原则真正体现在生产和服务中。特定家庭的循环经济统计核算能够反映家庭在能源、淡水和物质消费等方面的变化，有助于认识家庭的不同经济行为对环境的影响，从而探讨可持续的家庭经济行为模式，使每一个公民都参与到循环经济的建设中来。由于时间和篇幅所限，本书仅就国家/区域层面（以下简称国家层面）的循环经济统计核算问题展开讨论，企业/家庭层面的循环经济统计核算问题希望在后续研究中进一步探讨。

其次，在横向上，主要采取账户体系和投入产出分析相结合的方法对循环经济展开统计核算，本书将分别给出国家层面的循环经济统计核算账户体系和投入产出分析框架。

账户体系的分析方法是目前世界各国普遍采用的国民经济核算基本方法。在国民核算账户体系中，不仅每个账户收支双方在总量上平衡，而且能够相互对应，即一个账户中的某项收入，必定是另一账户中的某项支出。各账户之间收支对应、数量衔接，形成严密的逻辑关系，不仅便于资料的审核，而且形成了一个有机的联系整体。拟建立的国家层面的循环经济统计核算账户体系，主要用以反映循环经济运行过程中各项错综复杂的关系，描述循环经济运行的过程和全貌。

投入产出分析是经济研究中的一项重要分析工具，目前已经应用到经济活动中的许多领域。它不仅可以在宏观、中观经济系统中应用，如从总量上研究国民经济的规模、水平和速度，研究各种结构、比例关系等，还可以在微观经济系统中应用，如利用投入产出法进行企业成本核算，对利税的影响分析以及编制年度生产计划等。本书主要利用投入产出分析技术对进入经济系统内部的物质流动进行追踪研究，了解经济系统内部物质流动的情况，也是对构建的循环经济统计核算账户体系的进一步完善，以深入挖掘经济系统内部循环经济的运行特征和存在问题。

最后需要说明的是，本书进行的循环经济统计核算和分析主要从实物量的角度展开。之所以采取实物量核算的方式，一方面是为了避免现有资源环境价值化的难题，使构建的循环经济统计核算框架具有很强的现实操作性。目前国际资源环境统计的研究工作中，主要面临着两大核心难题——资源环境的产权界定和非市场定价，这两大核算难题使得资源环境统计的研究工作难以有效展开。以联合国提出的 SEEA 核算体系为例，该核算体系虽然提出了比较规范的资源环境核算思路和框架，却因为资源环境的产权定价问题难以在实践中广泛应用。目前国内外关于资源环境产权定价问题的研究还未取得实质性的突破或进展，直接影响了资源环境统计的现实可操作性。另一方面，由于本书认为循环经济的核心问题是“物质循环”，因此主要从物质流动的实物角度展开分析，主要探讨物质投入、消耗以及物质循环各项间的关系，通过研究物质在经济系统中输入—贮存—输出的实物量变动，揭示物质的流动特征和转化效率，为循环经济各项政策的制定提供科学决策依据。基于以上考虑，本书构建的循环经济统计核算框架主要采取实物量核算的方式，并力争在后续研究中在实物量核算的基础上探讨价值量核算的可能性。

第三节　循环经济统计核算与现行国民核算体系的关系

从建国初期到改革开放初期，我国国民经济核算采用的是产生于前苏联、东欧国家的物质产品平衡表体系（MPS）。20 世纪 80 年代中期以后，随着改革开放的不断深入和国民经济的迅速发展，MPS 体系表现出明显的不足。我国在继续实行 MPS 体系的同时，逐步引进产生于发达的市场经济国家、并被世界上大多数国家广泛采用的国民账户体系（SNA）。1984 年至 1992 年，国家统计局会同有关部门在总结我国当时的国民经济核算实践经验和理论研究成果的基础上，制定了《中国国民经济核算体系（试行方案）》，该方案采纳了 SNA 的基本核算原则、内容和方法，保留了 MPS 体系的部分内容。经过专家论证通过，1992 年 8 月该试行方案在全国范围内实施使用。国际方面，继 SNA（1993）出版之后，许多国家根据这套新的国际标准对各自原有的核算体系进行了系统的修订。1999 年，国家统计局决定对《中国国民经济核算体系（试行方案）》进行修订，修订成果为我国目前正在实行的《中国国民经济核算体系（2002）》。

《中国国民经济核算体系（2002）》对《试行方案》进行了全面系统的修订，取消了其中的 MPS 核算内容，采纳了 1993 年 SNA 的基本核算原则、内容和方法，修订了部门分类，调整了基本框架，修改和细化了有关表式的指标设置。现行国民经济核算体系的总体框架由基本核算表、国民经济账户和附属表三部分构成。基本核算表包括国内生产总值表、投入产出表、资金流量表、国际收支表和资产负债表；国民经济账户包括经济总体账户、国内机构部门账户和国外部门账户；附属表包括自然资源实物量核算表和人口资源与人力资本实物量核算表。

现行国民经济核算体系在系统反映整个国民经济运行状况、刻画宏观经济指标间的内在经济技术联系等方面发挥了重要作用，但也存在很多不足。从资源环境角度考察，现有核算体系未能较好地反映经济社会发展中的资源消耗和环境污染代价，不能很好地适应可持续发展战略实施的要求，不能有效地服务于可持续发展的统计度量和评价。而绿色国民核算体系正是针对传统国民经济核算体系的上述缺陷提出的，目前已经成为国内外统计核算研究领域的热点问题。其基本思路是：在现有的国民经济核算基础上进行资源环境调整，将经济过程对资源、环境的利用作为经济产出的投入引入其间，即经济投入成本中，既包括自然环境向经济过程提供的资源、也包括自然环境接纳经济过程的排放物而提供的环境服务。比较著名的也得到很多国家效仿的 SEEA 核算体系，就是通过建立附属账户（又称卫星账户）来进行资源环境与经济核算的，“绿色 GDP”也是在这样的框架中形成的，即从 GDP 中扣除自然资本消耗的余额。

一直以来，我国政府和学术界对绿色国民核算问题的研究投入了巨大的热情和努力，也取得了较为丰硕的研究成果。但绿色国民核算采取货币化的计量形式关注经济增长背后的资源环境代价，而经济活动对资源环境的利用都是在市场体系之外发生的，所以常常难以直接获得用于估算资源环境成本的价格，使相关核算难以有效展开。对于自然资源和环境的价值量核算难题，目前国内外还鲜见较为合理的解决方案。本书基于对循环经济的本质问题就是“物质循环”的认识，相关核算和分析都是从实物量角度展开，认为以经济系统为中心、对经济系统的物质投入与排放进行数量核算与分析，综合反映整个社会经济系统中的物质流动状况，能够达到对循环经济运行情况进行全面描述和分析的目的。构建的循环经济统计核算框架希望通过对社会经济活动中的物质流动进行监测和定量分析，科学准确地认识和评价循环经济的发展水平和存在问题。通过对物质流动的方向和流量的调控，提高各种资源的利用效率，达到循环经济的相关目标。可见，本书构建的循环经济统计核算体系避免了现有绿色国民核算体系中资源环境价值化的难题，核算框架具有很强的现实操作性，且因为只关注经济系统的“物质流动”，相关核算和分析具有相对的独立性。因此，本书构建的循环经济统计核算体系既可以作为现有国民经济核算体系的子系统存在，扩充了现有核算中资源环境实物量核算的范围（目前我国的国民核算体系中仅在附属表中进行了自然资源的实物量简单核算），并可以为循环经济的统计监测服务，促进我国循环经济的进一步发展。又可以是绿色国民核算实物量核算部分的进一步拓展，目前关于绿色国民核算的研究在我国还处于探索阶段，很多估价、核算方法都不很成熟，较为统一规范的绿色国民核算体系投入使用还需要经历一个相当漫长的过程。而绿色国民核算的基础性工作还是要进行资源环境的实物核算，这当中包含存量和流量核算，因此相关研究将进一步推动绿色国民核算在我国的开展实施。

第六章

我国国家层面循环经济统计核算账户体系研究

第五章主要对循环经济统计核算的主要目的、循环经济统计核算框架设计的基本原则、循环经济统计核算框架的总体设想以及循环经济统计核算与现行国民经济核算体系的关系等问题进行了详细论述。第六章将在第五章的基础上，主要借鉴国外物质流核算的基本思路，展开对我国国家层面循环经济统计核算账户体系的系统研究。

第一节 国家层面循环经济统计核算账户体系概述

一、账户体系核算方法简介

账户是国民经济核算中的重要工具，它通过一系列的总量指标及相关科目，对社会发展过程的某一方面进行系统描述，对总量进行分类、计算，从而揭示各个总量之间的连接关系。循环经济统计核算主要用账户来测量循环经济运行过程中的物质流动状况，用一系列的账户反映物质从输入经济系统、在经济系统中存贮到流出经济系统的整个过程，从而形成循环经济统计核算账户体系。在循环经济统计核算账户体系中，不仅每个账户收支双方在总量上平衡，而且能够相互对应，即一个账户中的某项收入，必定是另一账户中的某项支出。各账户之间收支对应、数量衔接，形成严密的逻辑关系，不仅便于资料的审核，而且形成了一个有机的联系整体，用以全面刻画物质在经济系统的流动过程。

本书构建的国家层面的循环经济统计核算账户体系中账户的基本形式设计如下：

表 6-1-1 核算账户的基本形式

来 源	使 用
来源项目 …	使用项目 …
来源总额	使用总额

账户中平衡式为：来源总额＝使用总额

另外，在账户体系的构建中，还应用到矩阵式账户的分析方式。对比上述 T 型账户，矩阵式账户应用矩阵原理，将各项收支关系集中在一个账户之中，通过把各相关指标、变量、账户结合在一起，全面反映整体情况及各方面的相互联系，具有相当强大的分析功能。

二、国家层面循环经济统计核算账户体系的基本核算框架

(一)核算的基本平衡原则——质量守恒定律

质量守恒定律——任何物质无论其形态如何变化，其总质量守恒，这是循环经济统计核算账户体系的基本平衡原则。根据质量守恒定律，一定时期内输入一个系统的物质量等于同时期该系统的存储量与输出该系统的物质量之和。即：

物质的投入量＝物质的产出量＋物质存量的净变化量　(6.1.1)

正是在这一基本平衡原则的基础上，循环经济统计核算账户体系对进入经济系统的物质量、经济系统的物质存量以及输出经济系统的物质量进行系统核算。

(二)系统边界

国家层面循环经济统计核算关注的中心问题是经济系统内的物质流动,因此在后续研究展开之前,需要对所谓"经济系统"的边界做出严格定义,以进一步明确核算范围。这里对"经济系统"的边界做如下两方面的定义:

1. 经济系统与自然环境系统之间的边界

直接从自然环境中获取的基本物质(原生的未被加工的物质和材料)通过此边界进入经济系统进行进一步的加工转化,经济系统的最终废弃物质(污物、污水、污气)通过此边界进入自然环境系统。

2. 本国经济系统与其他国家经济系统的边界

成品、半成品、以及原料经由该边界,由本国出口到其他国家或由其他国家进口到本国。

(三)基本核算思想

国家层面循环经济统计核算账户体系的基本核算思想是以经济系统为中心,把进入和排出经济系统以及经济系统内的物质存量进行分类,从而定量考察经济系统的"物质吞吐规模",用以反映循环经济的发展水平,也在一定程度上考察经济活动对自然环境的影响。核算的基本思路可见图 6—1—1。

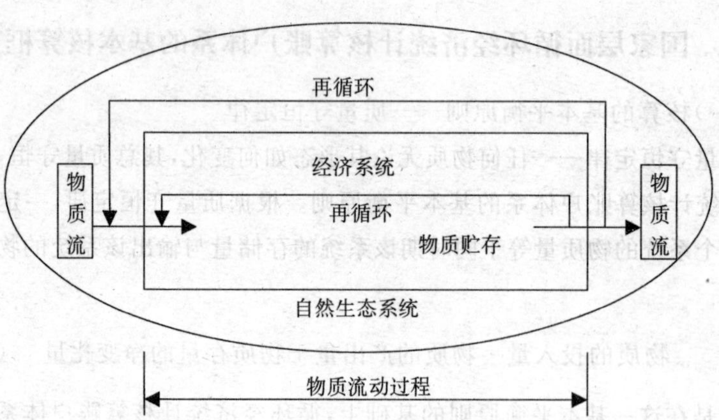

图 6—1—1 核算分析的基本内容

如图 6－1－1 所示，循环经济统计核算账户体系主要对进出经济系统的物质量、物质在经济系统内的存量以及循环利用情况展开核算分析。进入经济系统的物质中最主要的部分来自本国自然环境中开采出的各种原料，伴随上述国内开采原料而产生的生态包袱(见第六章第二节相关概念定义)不进入经济系统，一经产生即输出到自然环境中去。此外进入经济系统的物质还包括从其他国家和地区进口的成品、半成品和原料，以及与生产这些物质有关的生态包袱。进入经济系统的物质流一方面会成为该系统内部的物质净存储，如基础设施和耐用产品等，另一方面在一定时段后，以废弃物和排放物的形式通过系统边界返回到自然环境中，此外还有一部分物质通过系统边界出口到其他国家和地区。

一国经济系统和他国经济系统之间通过出口、进口导致的物质运动情况及相互影响如图 6－1－2 所示。

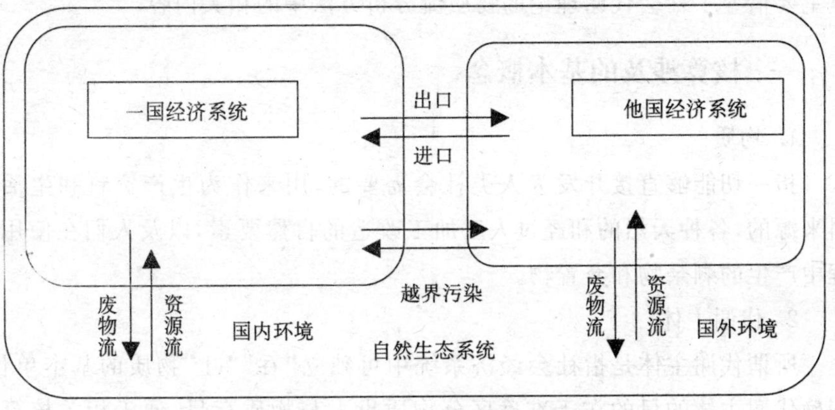

图 6－1－2　国家间的物质流动关系

由图 6－1－2 可见，国家间的物质流动由出口、进口引起，虽然一国进口伴生的生态包袱对该国境内的自然环境没有影响，但对输出国的自然环境会产生影响，这也是为何将一国进口伴生的生态包袱计入该国物质输入总量的原因所在。

(四)核算周期

核算账户体系以一年为周期进行编制，与第七章拟构建的国家层面循环经济投入产出分析框架的编制周期保持一致。一年对于循环经济统计核算的主要考察对象——物质流动，是一个比较适合的时间周期。一方面，物质的使用往往可能持续一段较长的时间，因此物质消耗不具有高度的时间敏感性；另一方面，很多与废物有关的环境影响通常是几年或者几十年才能表现出来。不过也有一些与废物有关的环境影响具有高度的时间敏感性，比如江河的富营养化和城市烟雾，这些影响从废物的排放到影响的出现，时间周期较短。但是考虑目前我国国民核算体系的数据获得情况，核算账户以及投入产出表的编制以年度为周期是最为可取的。

第二节 涉及的基本概念及项目分类

在构建循环经济统计核算账户体系之前，有必要对核算账户体系中涉及的一些特有概念和基本项目分类作统一的定义和说明，需要说明的是，这里主要借鉴了社会代谢理论的物质流分析方法中的相关内容。

一、核算涉及的基本概念

1. 物质

指一切能够直接开发为人类社会需要的，用来作为生产资料和生活资料来源的，各种天然的和经过人工加工改造的自然要素，以及人们在使用过程中产生的剩余物和弃置物。

2. 代谢主体

所谓代谢主体是指社会经济系统中可独立“吞”“吐”物质的基本单位。明确代谢主体的目的在于准确区分物质投入与物质存量，便于相关核算的展开。代谢主体在物质流分析中均以物质存量出现。代谢主体一般可等同于投入物质的消费者，如人、动物等“吞进”原料，同时“吐出”废气、废物等。需要特别指出的是农作物（粮食和经济作物）一般不作为代谢主体，否则物质投入的计量将延伸到矿物层，如多少氮化物、钾化物的投入，使数据无从统计。同样森林也作为物质投入，而不作为代谢主体。渔业有人工养殖和捕获之分，人工养殖鱼作为代谢主体，野生捕获鱼作为物质投入。

3. 生态包袱

生态包袱（Eco－Rucksack）是指人类为获得有用物质和生产产品而动

用的没有直接进入交易和生产过程的物质，是经济系统物质代谢的重要组成部分，又被称为隐藏流或非直接流。例如为了生产钢铁，需要直接投入铁矿石，而为了开采铁矿石又必须开挖许多巷道及剥离大量岩石，后者并未直接进入产品的生产过程和产品本身，但对环境却造成了影响，应该纳入分析范围。生态包袱的概念由德国 Wuppereal 研究所的魏兹舍克（Ernst Ulrich von Weizsaecker）最先提出，由于其形象地表达了人类为获得有用物质而造成的附加生态压力——每件消费品实质上都背负着消费者直接感觉不到的沉重包袱，生态包袱的概念不仅在很多国家作为重要指标加以计算分析，也被越来越多地用于研究单一产品的资源动用量和生态冲击分析。

按照生态包袱的定义，所有物质的量都以重量计量，一种产品的生态包袱应等于其直接和间接的物质投入总重量与产品自身重量之差，生态包袱系数等于其物质投入总重量与其自身重量之比。产品生产中直接使用的物质一般都不是单一的，计算生态包袱时又需要考察所有涉及到的直接使用和间接动用的物质，因此需要将一件产品含有的和生产中消耗的各种物质的重量乘以各自的生态包袱系数再求和，得到该产品的物质投入总重量，再减去产品自身的重量就是该产品的生态包袱。

需要特别指出的是，在核算进出口的非生物制成品和制成品所携带的生态包袱时，需要把这些进出口商品先转化为原料吨当量（Raw Material Equivalent）。原料吨当量是把制成品或半制成品物质本身的重量折算成相应的原材料投入量。例如进口的汽车，核算中应该把汽车的重量换算成相应的铁矿石、橡胶等汽车生产需要投入的物质的重量。这样进出口的非生物制成品和制成品所携带的生态包袱就是其原料吨当量的生态包袱。

生态包袱和直接物质投入共同构成了物质流分析最重要的指标——物质投入总需求量，可以从输入端全面揭示产品对自然资源的消耗和对生态环境的冲击，有助于增强生产者和消费者的资源环境成本观念，促进可持续发展战略的实施。

二、项目分类

由于本书构建的循环经济统计核算框架主要采取实物量核算的方式，因此涉及的项目分类主要是对投入、排出经济系统的物质及经济系统的物质存量做详细的定义。

(一)物质投入分类

如表6－2－1所示,物质投入主要区分为国内直接使用的开挖量、进口、国内非直接使用的开挖量、与进口有关的非直接流和为核算平衡列出的平衡项目。需要说明的是国内非直接使用的开挖量、与进口有关的非直接流合并显示了国内直接使用的开挖量所产生的生态包袱。

表6－2－1 物质投入分类表

<table>
<tr><td rowspan="17">国内开采量</td><td rowspan="4">化石燃料项</td><td colspan="2">原煤</td></tr>
<tr><td colspan="2">原油</td></tr>
<tr><td colspan="2">天然气</td></tr>
<tr><td colspan="2">其他</td></tr>
<tr><td rowspan="13">矿物原料项</td><td rowspan="2">矿物项</td><td>金属矿物项</td></tr>
<tr><td>非金属矿物项</td></tr>
<tr><td rowspan="5">工业原料项</td><td>盐</td></tr>
<tr><td>特殊粘土</td></tr>
<tr><td>专用沙石</td></tr>
<tr><td>农用泥炭</td></tr>
<tr><td>其他</td></tr>
<tr><td rowspan="6">建筑材料项</td><td>沙</td></tr>
<tr><td>砾石</td></tr>
<tr><td>碎石</td></tr>
<tr><td>制砖用普通粘土</td></tr>
<tr><td>料石</td></tr>
<tr><td>其他</td></tr>
<tr><td rowspan="4">国内开采量</td><td rowspan="4">生物性物质</td><td colspan="2">农业生物类</td></tr>
<tr><td colspan="2">林业生物类</td></tr>
<tr><td colspan="2">渔业生物类</td></tr>
<tr><td colspan="2">其他生物类</td></tr>
<tr><td rowspan="3">再生利用物质总量</td><td colspan="3">化石燃料项</td></tr>
<tr><td colspan="3">矿物原料项</td></tr>
<tr><td colspan="3">生物性物质</td></tr>
</table>

续表

进口	原材料	化石燃料项
		矿物原料项
		生物性物质
		次级原材料
	半制成品	来自化石燃料
		来自矿物原料
		来自生物性物质
	制成品	基本上来自化石燃料
		基本上来自矿物原料
		基本上来自生物性物质
	其他商品	其他非生物类商品
		其他生物类商品
	与进口配套的包装性商品	
	进口的最终处置物或掩埋的废弃物	
国内未使用开采量	开采能源的未使用开挖量	
	开采矿物的未使用开挖量	
	生物收获的未使用部分	木材砍伐的损失
		农业收割的损失
		其他
	建筑土方及河流疏浚	
与进口有关的隐藏流	进口商品的原料吨当量	化石燃料
		矿物原料
		生物性物质
	进口商品的未使用开采量	开采能源的未使用开挖量
		开采矿物的未使用开挖量
		生物收获的未使用部分
		建筑土方及河流疏浚
平衡项目	燃烧C、H、S、N等需要的氧、呼吸所需的氧、其他工业制程所需的气体。	

(二)物质排放分类

生产前、生产过程以及使用过程中排放到自然环境中的物质统称为物质排放。如表6—2—2所示，物质排放主要区分为污染排放物、耗散性物质、出口、国内未被使用开挖物的处置和为核算平衡列出的平衡项目。

表6—2—2 物质排放分类表

<table>
<tr><td rowspan="4">废弃物与污染排放</td><td rowspan="3">回收利用</td><td>排放到表土上的废弃物：如家庭及城镇垃圾、工业废物等</td></tr>
<tr><td>燃料燃烧与制程中排放到大气中的污染物：如二氧化碳、二氧化硫等</td></tr>
<tr><td>排放到水中的废物：如氮、磷及其他有机物等</td></tr>
<tr><td>未回收利用</td><td>与回收利用项目分类相同</td></tr>
<tr><td rowspan="2">耗散性使用与损失</td><td colspan="2">耗散性使用：如农田上的化肥、杀虫剂等</td></tr>
<tr><td colspan="2">耗散性流失：如化学品事故、有害气液泄漏、基础设施腐蚀、风化等</td></tr>
<tr><td rowspan="14">出口</td><td rowspan="4">原材料</td><td>化石燃料项</td></tr>
<tr><td>矿物原料项</td></tr>
<tr><td>生物性物质</td></tr>
<tr><td>次级原材料</td></tr>
<tr><td rowspan="3">半制成品</td><td>来自化石燃料</td></tr>
<tr><td>来自矿物原料</td></tr>
<tr><td>来自生物性物质</td></tr>
<tr><td rowspan="3">制成品</td><td>基本上来自化石燃料</td></tr>
<tr><td>基本上来自矿物原料</td></tr>
<tr><td>基本上来自生物性物质</td></tr>
<tr><td rowspan="2">其他商品</td><td>其他非生物类商品</td></tr>
<tr><td>其他生物类商品</td></tr>
<tr><td colspan="2">与出口配套的包装性商品</td></tr>
<tr><td colspan="2">出口的最终处置物或掩埋的废弃物</td></tr>
<tr><td rowspan="6">国内未使用开采量的处置</td><td colspan="2">开采能源的未使用开挖量</td></tr>
<tr><td colspan="2">开采矿物的未使用开挖量</td></tr>
<tr><td rowspan="3">生物收获的未使用部分</td><td>木材砍伐的损失</td></tr>
<tr><td>农业收割的损失</td></tr>
<tr><td>其他</td></tr>
<tr><td colspan="2">建筑土方及河流疏浚</td></tr>
</table>

续表

与出口有关的隐藏流	出口商品的原料吨当量	化石燃料
		矿物原料
		生物性物质
	出口商品的未使用开采量	开采能源的未使用开挖量
		开采矿物的未使用开挖量
		生物收获的未使用部分
		建筑土方及河流疏浚
平衡项目	燃烧过程中的蒸发水，制程和商品的蒸发水以及人和牲畜代谢过程中的二氧化碳排放和水蒸发等。	

（三）物质存量分类

物质存量主要分为两大部分：人造固定资产（建筑、基础设施、机器设备、备用商品等）和代谢主体人和牲畜的总质量。现有的研究经验表明，人造固定资产占物质存量的绝大部分，因此物质存量的变化主要指人造固定资产的变化，如建筑及基础设施（建筑材料、金属、木材等）、机器及耐用品的增加或减少。本书的物质存量分类如下表 6—2—3 所示。

表 6—2—3 物质存量分类表

物质存量增加	建筑及基础设施	建筑材料	
		金属	
		木材	
		其他建筑材料	
	其他（机器设备、耐用品等）	金属	
		其他材料	
物质存量减少	建筑及基础设施	拆毁	建筑材料
			金属
			木材
			其他建筑材料
		耗散损失	建筑材料
			金属
			木材
			其他建筑材料
	其他（机器设备、耐用品等）	报废	金属
			其他材料
		耗散损失	金属
			其他材料
物质存量净增（存量增加－存量减少）	建筑及基础设施：建筑材料、金属、木材、其他材料		
	其他（机器设备、耐用品等）：金属、其他材料		

第三节 国家层面循环经济统计核算账户体系的构建

国家层面循环经济统计核算账户体系的构建主要借鉴欧盟《指导手册》推广的物质流核算框架的基本思想,并结合循环经济的本质和运行机理进行了必要的改造和创新。需要说明的是,在核算账户体系中,凡是经济系统中的物质流增量均记录在来源方,经济系统的物质流减量记录在使用方。另外,加总项和平衡项均记录在使用方,第一次在核算账户中得到的总量指标也往往在使用方出现。

拟构建的国家层面的循环经济统计核算账户体系包括 11 个子账户,它们分别是:

账户 1:直接物质投入账户

直接物质投入账户主要用来衡量一个国家或地区在一定时期内经济系统直接使用的物质量。直接物质投入主要由国内直接使用的开挖量(简称国内开采)、再生利用物质总量和进口三个项目构成。国内开采主要包括各种化石能源、各种矿物和生物类的开采,再生利用物质总量和进口所考虑的物质分类与国内开采相似。

表 6—3—1 直接物质投入账户

来 源	使 用
国内开采量	
化石燃料	
矿物原料	
生物性物质	
再生利用物质总量	
进口	
	直接物质投入

账户 2:国内物质消耗账户

国内物质消耗账户主要衡量一个国家或地区在一定时期内经济系统最终使用的物质量(不包括隐藏流),直接物质投入减去出口就等于国内物质的总消耗量。

表 6—3—2 国内物质消耗账户

来 源	使 用
直接物质投入	出口
	国内物质消耗

账户 3:实物贸易平衡账户

实物贸易平衡账户主要用来测度一个国家或地区在一定时期内经济系统实物贸易的盈余或赤字。当经济系统的进口大于出口时,该经济系统实现了贸易盈余,反之则为贸易赤字。这与国民经济核算中的相关概念恰好相反。

表 6—3—3 实物贸易平衡账户

来 源	使 用
进口	出口
	实物贸易差额

账户 4:国内直接物质排放账户

国内直接物质排放账户主要用来核算一个国家或地区的经济系统在一定时期内向自然界排放的废物总量,主要包括各种可回收或不可回收的固体污染物、液体和气体排放物以及各种耗散性损失等。

表 6—3—4 国内直接物质排放账户

来 源	使 用
废弃物及污染排放	
回收利用	
空气中的污染物	
表土上的污染物	
水中的污染物	
未回收利用	
空气中的污染物	
表土上的污染物	
水中的污染物	
耗散性使用与损失	
耗散性使用	
耗散性流失	
	国内直接物质排放

账户5:存量净增账户

存量净增账户用来核算一个国家或地区在一定时期内经济系统的物质存量增加。物质存量净增项用国内物质消耗减去国内直接物质排放中的各个项目得到,即按照质量守恒定律,物质投入量减去物质排放量应等于物质存量。但由于核算中不大可能实现对经济系统中所有的物质量进行核算,如进入生产过程中的气体、生产过程的蒸发水等,就需要在核算平衡项中体现出来。因此在存量净增账户中,无论是来源方还是使用方都需要用物质平衡项进行调整,对物质存量净增项进行大致估算。

表6—3—5 存量净增账户

来 源	使 用
国内物质消耗	废弃物及污染排放 空气中的污染物 表土上的污染物 水中的污染物 耗散性使用与损失 耗散性使用 耗散性损失
投入面平衡项	排出面平衡项
	物质存量净增

由于平衡项的存在,存量净增账户对物质存量净增的估算不可避免的会产生误差,在统计核算基础较好的情况下,可使用下面的核算表实现对物质存量净增的相对准确估算。

表6—3—6 存量净增核算表

	运输基础设施	建筑	机器设备	其他耐用品	仓库库存	总计
+增加						
-报废及拆除						
-耗散损失(腐蚀或磨损)						
物质存量净增						

账户6:物质存量核算总表

物质存量核算总表主要反映一个国家或地区经济系统的物质存量的期

初、期末水平及变化情况，功能类似于国民核算体系中的资产负债核算表，有助于全面掌握一个国家或地区经济系统的物质存量状况，而账户5中的存量净增核算表主要用来衡量经济系统中物质存量的变化情况。

表6—3—7 物质存量核算总表

	运输基础设施	建筑	机器设备	其他耐用品	仓库库存	总计
期初存量						
增加						
报废及拆除						
耗散损失						
其他变化(如分类的改变)						
物质存量变化						
统计误差						
期末存量						

账户7:物质流动平衡账户

物质流动平衡账户主要对一个国家或地区一定时期内经济系统中的直接物质投入、存贮和排出情况进行全面的反映，也是对上述各账户的系统总结。

表6—3—8 物质流动平衡账户

来源	使用
国内开采量	废弃物及污染排放
化石燃料	回收利用
矿物原料	空气中的污染物
生物性物质	表土上的污染物
再生利用物质总量	水中的污染物
进口	未可回收利用
	空气中的污染物
	表土上的污染物
	水中的污染物
投入面平衡项	耗散性使用与损失
	耗散性使用
	耗散性损失
	出口
	物质存量净增
	排出面平衡项
	统计误差
直接物质投入＋平衡项	国内直接物质排放＋出口＋物质存量净增＋平衡项

账户 8:国内未使用开采账户

国内未使用开采账户主要用来核算一个国家或地区在一定时期内为了获得有用物质必须开采或搬运的物质量(称为生态包袱或隐藏流),如第六章第二节所述,这些物质量虽然没有直接进入经济系统(即未被使用),但却对环境产生较大的影响,有必要对其展开核算。

表 6－3－9　国内未使用开采账户

来　源	使　用
国内未使用开采量	国内未使用开采量的处置
矿山/采石场	矿山/采石场
生物物质收获	生物物质收获
表土工程	表土工程
总计	总计

如表 6－3－9 所示,国内未使用开采账户中的来源方和使用方的项目相同,原因在于国内未使用开采一经发生,即以生产废弃物的形式滞留在环境系统中,并不直接进入经济系统的产品生产过程和产品本身,所以要在来源和使用方同时反映。

账户 9:隐藏流的贸易平衡账户

隐藏流的贸易平衡账户主要用来测度一个国家或地区在一定时期内国际贸易过程中伴随的隐藏流规模,可以反映该国或地区对外贸易的生态环境代价。我国近年来对外贸易一直保持顺差,但从环境保护的角度来看,我国对外贸易是否处于有利地位,即我国是否存在生态贸易赤字问题,可以通过隐藏流的贸易平衡账户展开分析。

表 6－3－10　隐藏流的贸易平衡账户

来　源	使　用
与进口有关的隐藏流	与出口有关的隐藏流
使用的隐藏流(进口商品的原料吨当量－进口商品重量)	使用的隐藏流(出口商品的原料吨当量－出口商品重量)
与进口商品的原料吨当量有关的未使用开采量	与出口商品的原料吨当量有关的未使用开采量
	隐藏流贸易平衡

在隐藏流的贸易平衡账户中，进、出口商品的原料吨当量是将进、出口商品本身的重量折算成相应的原材料投入量后得到的数值，例如将进（出）口的汽车换算成相应的铁矿石、橡胶等原材料投入的重量。与进（出）口有关的隐藏流即为扣除商品本身重量的商品的原料吨当量与等量的原料吨当量导致的未使用开采量之和，综合反映了进（出）口商品的生态代价，在对外贸易的环境评价中具有非常重要的分析意义。

账户 10：物质需求总量账户

物质需求总量账户主要用来核算一个国家或地区在一定时期的经济运行中需要的所有物质投入，包括直接物质投入、国内未使用开采量和与进口有关的隐藏流。物质需求总量账户是对直接物质投入账户、国内未使用开采账户和隐藏流的贸易平衡账户的综合。

表 6—3—11　物质需求总量账户

来　源	使　用
国内开采量	
化石燃料	
矿物原料	
生物性物质	
再生利用物质总量	
进口	
国内未使用开采量	
矿山/采石场	
生物物质收获	
表土工程	
与进口有关的隐藏流	
使用的隐藏流（进口商品的原料吨当量－进口商品重量）	
与进口商品的原料吨当量有关的未使用开采量	
	物质需求总量

账户 11:物质消耗总量账户

物质消耗总量账户对一个国家或地区的经济系统在一定时期内的物质消耗总量展开核算,由于物质需求总量中包含了为出口商品而使用的直接物质投入和隐藏流投入,这部分物质需求应看作是相应进口国家或地区的物质消耗而不是本国或地区的物质消耗,因此在物质需求总量中扣除出口和与出口有关的隐藏流投入得到一国或地区的物质消耗总量。

表 6—3—12　物质消耗总量账户

来　源	使　用
物质需求总量	出口 与出口有关的隐藏流 使用的隐藏流(出口商品的原料吨当量一出口商品重量) 与出口商品的原料吨当量有关的未使用开采量
	物质消耗总量

以上是本书给出的国家层面循环经济统计核算完整的账户体系。账户体系提供了定量测估循环经济发展水平及社会物质流动状况的基本框架,与欧盟《指导手册》推广的物质流核算框架及现有的其它物质流核算分析框架相比,上述核算账户体系充分考虑了循环经济统计核算要达到的基本目的,将再生利用物质总量与废弃物的回收利用情况加入到账户体系的分析中。因为要通过对经济系统物质流动状况的追踪分析反映循环经济的发展概况,就不能不考察废弃物的回收和再利用。经济系统中初次使用的物质总量与再生利用物质总量在类型上没有任何区别,都可能经过转换变为各种消费者使用的产品,在最终产品自身被消耗掉以后也会变成废物,因此单纯地核算初次使用的物质总量是不能说明物质流动的实际情况的,也不能反映循环经济关注"物质循环"的核心思想。本书构建的循环经济核算账户体系,将再生利用物质与废弃物的回收利用纳入分析框架,也充分体现了循环经济发展的 3R 原则——减量化、再利用、资源化,通过对经济系统的物质投入量、排放量、回收利用等情况的记录和测算,有助于在社会经济发展中注重不断减少物质投入、对产品进行重复利用以及废弃物资源化,将经济系

统对资源环境的影响降到最低。这是本书提出的循环经济统计核算账户体系的优势所在。

另外,以上分析的基本思路对于各宏观部门仍然适用,即每一宏观部门可以展开本系统内的循环经济统计核算账户体系的研究,以通过对物质流动状况的分析反映本部门循环经济发展的基本情况,表 6—3—13 给出了部门循环经济统计核算账户体系设计需要的基本分析指标,可见,此表也可用于不同部门间的对比分析。

表 6—3—13 部门循环经济统计核算账户体系设计所需的基本指标

		部门 1	部门 2	…	部门 *n*	总计
物质投入	国内开采量					
	再生利用物质量					
	国内隐藏流					
	进口					
	与进口有关的隐藏流					
物质排放	废弃物与污染排放					
	耗散性使用与损失					
	出口					
	国内隐藏流的处置					
	与出口有关隐藏流					
物质存量	建筑及基础设施					
	其他					
	(机器设备、耐用品等)					
相关总量指标						

第四节 国家层面循环经济统计核算账户体系提供的分析功能

国家层面循环经济统计核算账户体系提供了核算宏观经济系统循环经济发展状况的基本思路,也为循环经济分析和管理提供了一系列总量指标,特别是相关指标可以与现有国民经济核算体系提供的宏观经济指标结合，产生很多衍生指标，从而可以在不同侧面考察循环经济的发展状况。下面对国家层面循环经济统计核算账户体系提供的各项总量指标和衍生指标作系统的介绍和分析，也即探讨核算账户体系提供的各项分析功能。

一、国家层面循环经济统计核算账户体系提供的总量分析指标

从整体上看，国家层面的循环经济统计核算账户体系共提供了四类总量分析指标，分别是：物质投入类指标、物质排放类指标、物质消耗类指标和物质循环利用类指标，以下对每类指标的具体内容和表征含义做系统的介绍和分析。

(一)物质投入类指标

物质投入类指标主要包括直接物质投入、物质总投入、物质需求总量和国内物质需求总量四项指标。

直接物质投入是指直接进入一国经济系统的生产、消费等领域的物质量，不考虑经济系统的隐藏流投入，由国内开采量、再生利用物质总量和进口三项组成。

物质总投入是指直接和间接进入一国经济系统的生产、消费等领域的物质总量，主要包括直接物质投入和国内未使用开采量(隐藏流，或称生态包袱)，用以反映一国经济系统对本国自然资源以及对来自外国的进口直接物质的总量耗费情况。

物质需求总量由一国经济系统的物质总投入和与进口有关的隐藏流两部分构成，综合反映一国经济系统使用的来自本国及外国的直接物质投入和隐藏流投入总和，表征进入一国经济系统的物质总量。

国内物质需求总量是在物质需求总量指标的基础上扣除出口以及与出口有关的隐藏流后得到的指标。出口以及与出口有关的隐藏流可以看成是别国经济系统对自然环境系统的影响，因此从最终使用的角度来看，国内物质需求总量指标反映最终应用在本国经济系统中的直接物质和隐藏流总量，并可据此考察一国经济系统的运行对自然环境系统产生的总影响。

(二)物质排放类指标

物质排放类指标主要包括国内直接物质排放、国内总排放、物质直接排

放量，物质总排放量四项指标。

国内直接物质排放是指一国经济系统在生产、消费等过程中直接排放和耗散在空气、水和土地中的物质量。直接排放在空气、水和土地中的物质量总体上可区分为回收利用和未回收利用两类，耗散性物质（如化肥）有一部分自然循环到自然界中，这部分循环的物质量由于数量较少且很难估计很少纳入分析之中。

国内总排放是国内直接物质排放和国内未使用开采量的总和，反映一国经济系统因经济活动而排放到环境中的物质总量（包括隐藏流）。

物质直接排放量是国内直接物质排放和出口的总和，反映经济系统排放到自然界以及流向国外的直接物质总量。

物质总排放量是国内总排放和出口的总和，除国内直接物质排放外，还包括了本国经济活动造成的未使用开采量和出口到别国的物质总量，从而可以用来考察一国经济系统的物质输出总量。

（三）物质消耗类指标

物质消耗类指标主要包括国内物质消耗、物质存量净增、实物贸易差额、隐藏流贸易平衡、物质消耗总量五项指标。

国内物质消耗是直接进入一国经济系统的生产、消费等领域的物质量减去出口后得到的反映国内直接物质消耗的总量指标（未考虑隐藏流）。

物质存量净增是用国内物质消耗减去国内直接物质排放中的各个项目得到的用来反映年度经济系统物质存量净增加情况的指标。

实物贸易差额是进口物质总量减去出口物质总量后得到的分析指标，可以反映一个国家经济发展利用国外资源以及国外经济发展利用本国资源的基本状况，用来衡量一国经济系统的物质贸易盈余或赤字的程度。

隐藏流贸易平衡指标是与进口有关的隐藏流和与出口有关的隐藏流总量之差，考虑了国际贸易的隐藏流影响，对于分析对外贸易的可持续性有着非常重要的意义。

物质消耗总量是在物质需求总量中扣除出口和与出口有关的隐藏流投入后得到的反映一国经济系统物质消耗总量的指标，该指标考虑了隐藏流物质消耗，因此比国内物质消耗指标更全面地反映一国经济系统的物质消耗情况。

（四）物质循环利用类指标

物质循环利用类指标主要包括再生利用物质总量和回收利用的废弃物及污染排放量两项指标，也可以考虑在两项指标的基础上计算反映物质循环利用情况的若干相对指标，如再生利用物质总量占直接物质投入的比重、回收利用的废弃物及污染排放量占总排放量的比重等，相对指标的分析意义更加明显。

再生利用物质总量是指经济系统投入的在社会生产和生活消费过程中产生的，经过回收、加工处理使其重新获得使用价值的各种废弃物和污染排放总量。再生利用物质总量可以用来反映经济系统循环利用资源的程度，通过对该指标的考察和监测，将促进经济活动中最大限度地开发利用再生资源[①]，推动循环经济的广泛开展。

回收利用的废弃物及污染排放量是从能否回收利用的角度对废弃物及污染排放总量划分后得到的指标，这一指标设立的目的是为了反映经济系统对废弃物及污染排放的最终处理情况，也可据此分析循环经济发展中物质循环利用的程度。需要说明的是，虽然从理论上讲，任何生产和消费环节所产生的废弃物及污染排放都是具有再生利用价值的资源，可以进入下一步的经济循环，但还是要受到现实的技术可行性和经济可行性的制约。在现有的技术条件下，只有在技术上可再生利用的废弃物和污染排放才能进入下一阶段的物质循环得以再生利用。

再生利用物质总量和回收利用的废弃物及污染排放量虽然都是反映经济发展过程中物质循环利用程度的指标，但也有明显的区别。再生利用物质总量是从投入的角度考察再生资源的使用规模，回收利用的废弃物及污染排放量则是从排放的角度考察废弃物及污染排放的最终处置情况。

表6－4－1对国家层面循环经济统计核算账户体系提供的各项总量指标进行了归纳汇总，以期更为清晰地反映各指标的计算方法及指标之间的内在联系。

① 本书中提到的再生资源是指在生产、流通、消费等过程中失去或部分失去原有的使用价值，但通过不同的加工途径可使其获得使用价值的各种物质的总称。

表 6—4—1 国家层面循环经济统计核算账户体系总量指标汇总表

指标分类	指标名称	计算方法
投入类	直接物质投入	直接物质投入＝国内开采量＋再生利用物质总量＋进口
	物质总投入	物质总投入＝直接物质投入＋国内未使用开采量
	物质需求总量	物质需求总量＝物质总投入＋与进口有关的隐藏流
	国内物质需求总量	国内物质需求总量＝物质需求总量－出口－与出口有关的隐藏流
排放类	国内直接物质排放	国内直接物质排放＝废弃物污染与排放＋耗散性使用与损失
	国内总排放	国内总排放＝国内直接物质排放＋国内未使用开采量
	物质直接排放量	物质直接排放量＝国内直接物质排放＋出口
	物质总排放量	物质总排放量＝国内总排放＋出口
消耗类	国内物质消耗	国内物质消耗＝直接物质投入－出口
	物质存量净增	物质存量净增＝国内物质消耗－国内直接物质排放
	实物贸易差额	实物贸易差额＝进口－出口
	隐藏流贸易平衡	隐藏流贸易平衡＝与进口有关的隐藏流－与出口有关的隐藏流
	物质消耗总量	物质消耗总量＝物质需求总量－出口－与出口有关的隐藏流
循环利用类	再生利用物质总量	汇总得到
	回收利用的废弃物及污染排放量	汇总得到

二、与现有国民经济核算体系结合产生的衍生指标

国家层面的循环经济统计核算账户体系紧扣循环经济的运行机理，对经济系统内的物质流动情况进行了全面系统地反映。账户体系还提供了一系列有助于分析经济系统物质流动情况的总量指标，这些总量指标从物质投入、物质排放、物质消耗以及物质循环利用的角度刻画了经济系统的物质流动概况。按照循环经济的基本发展原则(3R 原则)——减量化、再利用、资

源化，这些总量指标可以用来分析经济系统是否按照循环经济的要求健康发展，如经济系统投入、排放的物质量是否保持下降的趋势？经济活动对资源环境的综合影响以及物质的再利用、资源化程度等等，都能够在账户体系或若干总量指标中得以反映。但经济系统投入、排放的物质量不仅和循环经济的实施程度有关，也和经济总量的规模有着密不可分的联系，因此，反映物质流动状况的各项总量指标需要与现有的反映宏观经济规模的总量指标相结合，得到一系列衍生指标，从而更加客观、清晰地反映循环经济的发展水平。

总的来看，国家层面循环经济统计核算账户体系提供的总量分析指标与现有的国民经济核算体系相结合产生的衍生指标从物质投入、物质排放和物质消耗的角度可以区分为以下三类。本书使用的现有的宏观总量分析指标主要局限于 GDP 和总人口，研究中也可根据需要自行选择合适的指标。

（一）物质投入角度

物质投入类指标与现有的宏观总量指标结合产生的衍生指标主要包括物质使用效率指标和物质使用强度指标。

物质使用效率指标主要用来反映单位物质投入所创造的经济价值，可用来衡量经济系统的物质投入效率水平。由于物质投入从不同的角度考察有不同的表达形式，因此物质使用效率指标的具体形式也可根据研究的需要灵活确定，如：GDP/直接物质投入、GDP/物质总投入、GDP/物质需求总量和 GDP/国内物质需求总量。由于隐藏流在目前的统计基础上较难确定，因此 GDP/直接物质投入的分析意义最为明显，反映单位直接物质投入创造的国内生产总值。

物质使用强度指标主要用来反映经济系统的人均物质使用水平，同样由于物质投入的不同表达形式，物质使用强度指标的具体形式有：直接物质投入/总人口、物质总投入/总人口、物质需求总量/总人口和国内物质需求总量/总人口。可根据研究需要选取适当的指标形式展开分析，目前直接物质投入/总人口在现在的统计基础上较易获得，可以用来衡量人均直接物质投入的使用水平。

（二）物质排放角度

物质排放类指标与现有的宏观总量指标结合产生的衍生指标主要包括国内直接物质排放/GDP（人口）、国内总排放/ GDP（人口）、物质直接排放量/ GDP(人口)和物质总排放量/GDP(人口),主要用来反映单位 GDP(人均)的物质排放强度。

(三)物质消耗角度

物质消耗类指标与现有的宏观总量指标结合产生的衍生指标主要包括物质消耗效率指标和物质消耗强度指标。物质消耗效率指标主要包括GDP/国内物质消耗、GDP/物质消耗总量,物质消耗强度指标主要包括国内物质消耗/总人口和物质消耗总量/总人口。物质消耗效率指标主要用来反映单位物质消耗创造的经济价值,物质消耗强度指标主要用来反映人均物质消耗水平。

需要特别指出的是,衍生指标中未考察物质循环利用类指标与现有宏观总量指标的结合,原因在于物质循环利用类指标和现有宏观总量指标的内在联系不紧密,其产生的衍生指标意义难于解释和分析,因此没有列出。

表 6—4—2 对国家层面循环经济统计核算账户体系与现有宏观经济总量指标结合产生的各项衍生指标进行了归纳汇总。

表 6—4—2 国家层面循环经济统计核算账户体系衍生指标汇总表

指标分类		所属指标
物质投入角度	物质使用效率	GDP/直接物质投入
		GDP/物质总投入
		GDP/物质需求总量
		GDP/国内物质需求总量
	物质使用强度	直接物质投入/总人口
		物质总投入/总人口
		物质需求总量/总人口
		国内物质需求总量/总人口
物质排放角度	国内直接物质排放/GDP(人口)	
	国内总排放/GDP(人口)	
	物质直接排放量/GDP(人口)	
	物质总排放量/GDP(人口)	

续表

指标分类		所属指标
物质消耗角度	物质消耗效率	GDP/国内物质消耗
		GDP/物质消耗总量
	物质消耗强度	国内物质消耗/总人口
		物质消耗总量/总人口

三、环境压力分析及环境库兹涅茨曲线应用

循环经济统计核算账户体系提供的上述总量指标及衍生指标也可用在其它分析领域,如环境压力分析和环境库兹涅茨曲线的应用等方面。

(一)环境压力分析

生态环境是人类社会生存和发展的基础,人类经济活动产生的各种环境污染和生态破坏已对生态环境基础产生了越来越大的压力。由于人类关注环境问题的出发点是对自我生存、生活条件的保护,环境压力可以定义为“人类活动引起的能够造成环境服务功能退化的环境状态之扰动力”[①]。如果环境压力超过了生态环境的最大承载力,就会造成自然生态系统的崩溃,进而威胁人类的正常生存。因此,如何定量评价经济发展对生态环境的压力,并且讨论如何减轻环境压力,具有非常重要的意义。

循环经济统计核算账户体系提供的各项分析指标可以看作是从不同侧面对环境压力大小的度量。一个国家的经济活动对环境造成的总压力可以用经济系统从自然环境系统获取和动用的所有物质量以及排向环境系统的废物总量进行度量,即用经济系统的物质吞吐量来表征。经济系统的物质吞吐量越大,对自然环境的扰动范围和程度就越大,造成的环境损失也就越大。另外,用物质吞吐量指标表征环境压力,还可以研究和监测环境压力随时间的变化情况,也可以对不同国家或区域的环境压力作比较分析。并且物质吞吐量指标的政策指向也非常明显,即实现物质减量是解决生态环境问题的根本途径,要从源头上实现环境问题治理。

---

① 王青,刘敬智等.环境载荷与环境压强:环境压力指标及应用[J].中国人口·资源与环境,2006,16(1).

循环经济统计核算账户体系的物质投入类指标，直接物质投入可表征一国经济系统的直接物质利用对自然环境所造成的压力，物质总投入可反映直接物质利用和隐藏流投入造成的环境压力。对于物质排放类指标，国内直接物质排放和国内总排放可分别用于表征经济系统的直接排放和总排放对环境造成的压力。其它指标的分析意义同上，这里不再做详细说明。

如上所述，一个国家经济系统对环境造成的总压力可通过其物质吞吐量来反映。利用循环经济统计核算账户体系提供的相关指标，可构造如下的环境总压力计量公式，即环境总压力＝物质总投入＋物质总排放。即环境总压力可定义为所有直接及间接的物质投入和排出量的总和，隐藏流因为其开采过程中对所在区域景观、植被、土壤、栖息地造成的损害及在搬运处置过程中造成的环境破坏，在环境总压力中得以反映。

另外，为度量不同国家的环境问题的严重性，还可考虑计算环境压强指标，即单位国土面积承受的环境压力，更加真实地度量各国承受的环境压力情况。

(二)环境库兹涅茨曲线应用

1955 年，美国经济学家库兹涅茨(S. Kuznets)在进行收入差距的研究中发现，在经济发展的过程中，收入差距先随着经济的增长而不断扩大，达到一个定点后，收入差距又会随着经济的增长而不断缩小。在以经济增长为横轴，收入差距为纵轴的平面坐标系中绘出平面图，图形呈现出倒“U”形状，称为库兹涅茨曲线(Kuznets Curve,KC)。而环境库兹涅茨曲线(Environmental Kuznets Curve, EKC)是格鲁斯曼(G・Grossman)和克鲁格(A・Krueger)在 1992 年提出的，他们通过对 66 个国家和地区 1979～1990 年间的 14 种空气污染物和 1977～1988 年间的水污染情况的研究，发现一个国家的整体环境质量或污染水平随经济增长和经济实力的积累呈现先恶化后改善的基本趋势。即最初环境恶化程度随着人均 GDP 的上升而上升，达到一个转折点后，将随着人均 GDP 的上升而下降，从整体看，环境随经济的发展呈现倒“U”型的变化。在格鲁斯曼和克鲁格提出环境库兹涅茨曲线之后，国内外众多学者对环境与经济的关系做了进一步的分析和验证，环境库兹涅茨曲线已经成为研究经济发展与环境关系的有力工具。

从上述分析可知，环境库兹涅茨曲线存在着一个转折点，在转折点的左边伴随着经济增长环境呈不断恶化的趋势，而在转折点的右边环境呈现不断改善的趋势。其实这里潜含了一个前提条件，即这个转折点所在的环境状况是在环境的承载能力之内的。因为如果转折点的位置超过了环境的承载能力，整个生态环境就会崩溃，人类以后的任何补救都将是无济于事的。从发达国家的状况来看，他们生态环境最为恶化时的状况都还在自身的承载能力之内，因此能够顺利过渡到环境改善期。从我国的情况来看，估计要到21世纪中叶才能达到发达国家面临环境库兹涅茨曲线的转折点时的经济水平[①]，而目前我国的生态环境已经非常脆弱，资源的循环利用率也很低，因此必须调整经济增长方式，大力发展循环经济，从源头上保护和改善环境，倡导资源的高效和循环利用。

由于循环经济统计核算账户体系提供的各项指标一方面可以体现循环经济发展水平的高低，另一方面也能够表征经济发展中造成的环境压力的大小，我们可以将上述人均环境压力指标与人均国内生产总值指标相结合，检验经济发展同环境压力的关系是否符合环境库兹涅茨曲线的基本形状，并讨论二者关系形成的深层次原因。并结合循环经济的发展水平，对经济总量的增长情况进行重新认识，促进经济和资源环境的协调发展。

第五节　核算基础上的循环经济评价指标体系设计

循环经济统计核算的基本目的在于实现对循环经济的定量监测和评价，一套科学的、具有可操作性的循环经济评价指标体系，是定量判断循环经济发展状况、进行循环经济管理和决策的重要依据。下面将在上述国家层面循环经济统计核算账户体系的基础上，借鉴核算框架提供的各项分析指标，给出我国循环经济评价指标体系的初步设计思路。

一、循环经济评价指标体系设置的基本原则

1. “3R”原则

“3R”原则是循环经济的基本发展原则和主要特征，因此要科学客观地

---

① 龙睿赟. 循环经济：对环境库兹涅兹曲线的修正. 重庆社会科学[J]，2007(8)：23－25.

评价循环经济的发展状况，评价指标的设置也必须遵循“3R”原则，充分体现循环经济减量化、再利用、资源化的发展要求，牢牢把握循环经济的内涵。

2. 科学性原则

科学性是任何指标体系建立的重要原则，指标体系一定要建立在科学、客观的基础上。在循环经济评价指标体系的建立中，科学性原则主要体现在：评价指标体系选取的指标应能够反映循环经济发展的各个方面，从不同角度反映循环经济的主要特征和发展状况；指标的定义要准确、内容简明，有具体的科学内涵且便于理解，测算方法标准；形成的指标体系覆盖面要广，应有合理的层次结构和可靠的数据来源，并有科学的处理评价方法。

3. 可操作性原则

循环经济评价指标体系应充分考虑指标数据的可得性和指标量化的难易程度，尽量挑选一些易于计算、容易获取的反映循环经济发展的指标，增强指标体系的可操作性。在能够反映基本情况的前提下，指标体系中指标的选取应强调代表性、典型性，避免选择意义相近、重复的指标，使指标体系简洁易用。要注意并不是设置的指标越多越好，指标太多一方面使工作量成倍增长，另一方面难免发生指标与指标的重叠，给循环经济的评价带来不便。

二、循环经济评价指标体系设计

本书在设置循环经济评价指标体系时，充分借鉴了循环经济统计核算框架所提供的各项基础指标，采取“目的树”的分析方法，形成了如表 6－5－1 所示的树型结构的循环经济评价指标体系。

建立的循环经济评价指标体系共分为四个层次，自上而下分别是目标层、系统层、控制层和指标层。目标层是最高层，即循环经济发展的总体状况和发展水平。系统层主要从物质投入、物质排放、物质循环利用、经济社会发展、生态环境五个方面展开分析，每一系统层下又包含若干控制层，每一控制层下又包含若干指标要素，指标要素的选择充分考虑了实用、易获取、代表性强等原则。

三、循环经济评价指标解释

如表 6－5－1 所示，在循环经济评价指标体系中：

表 6－5－1　循环经济评价指标体系基本框架

目标层	系统层	控制层	指标层
循环经济评价指标体系	物质投入	资源投入总量	①直接物质投入 ②物质总投入
		资源利用效率	①GDP/直接物质投入 ②GDP/物质总投入
	物质排放	物质排放总量	①国内直接物质排放 ②国内总排放
		物质排放强度	①国内直接物质排放/GDP ②国内总排放/GDP
	物质循环利用	物质平均使用周期	①物质平均使用周期
		资源循环利用总量	①再生利用物质总量
		资源循环利用比率	①工业固体废弃物处置利用率 ②工业用水循环使用率 ③工业废气综合利用率 ④包装可回收率
	经济社会发展	经济发展	①人均 GDP ②第三产业比重 ③年人均财政收入 ④社会劳动生产率
		社会发展	①科技、教育经费占 GDP 比重 ②高等教育入学率 ②城市化水平 ③环境保护宣传教育普及率 ④基尼系数 ⑤社会基本保险覆盖率
	生态环境	生态环境质量	①森林覆盖率 ②城镇人均公共绿地面积 ③噪声达标区覆盖率 ④空气污染指数
		生态环境管理	①环保投资占 GDP 比重 ②城镇生活污水集中处理率 ③城镇生活垃圾无害化处理率 ④清洁能源利用率

第一个系统层——物质投入，主要从总量和效率两个方面考察经济系统中资源投入总量和资源利用效率的发展变化情况。资源投入总量主要由直接物质投入和物质总投入两项指标进行反映。直接物质投入是指直接进入一国经济系统的生产、消费等领域的物质量，不考虑经济系统的隐藏流投入。而物质总投入是指直接和间接进入一国经济系统的生产、消费等领域的物质总量，主要包括直接物质投入和国内未使用开采量(即隐藏流投入)。资源利用效率主要由 GDP/直接物质投入和 GDP/物质总投入两项指标予以刻画，两项指标分别反映单位直接物质投入和单位物质总投入所创造的经济价值。

第二个系统层——物质排放，主要从物质排放总量和物质排放强度两个方面反映经济系统的物质排出情况。物质排放总量由国内直接物质排放和国内总排放两项指标进行反映。国内直接物质排放是指一国经济系统在生产、消费等过程中直接排放和耗散在空气、水和土地中的物质量。而国内总排放是国内直接物质排放和国内未使用开采量的总和，反映一国经济系统因经济活动而排放的环境中的物质总量(包括隐藏流)。物质排放强度主要由国内直接物质排放/GDP 和国内总排放/GDP 两项指标予以刻画，它们都能够反映单位 GDP 的物质排放强度，区别仅在于对物质排放的界定有所不同。

第三个系统层——物质循环利用，主要从物质平均使用周期和资源循环利用总量以及循环利用比率三个方面考察经济系统中物质循环利用的基本情况。其中，物质平均使用周期主要用来反映循环经济“再利用”原则的实施程度，“再利用”原则的目的是尽可能多次或多种方式地使用产品，延长产品从投入使用到成为垃圾的时间。物质平均使用周期①是指从物质作为直接物质投入进入到社会经济活动边界内，直到作为废弃物离开社会经济活动边界为止的平均年限。可见延长物质的平均使用周期，可以有效地提高资源的利用效益。物质平均使用周期可做如下定义：物质平均使用周期＝1/物质存量年淘汰率，物质存量年淘汰率可用以下关系式计算得到，即：当期物质废弃物产生量＝当期新投入物质损耗量＋期初物质存量×物质存量年淘汰率。资源循环利用总量主要用再生利用物质总量指标来刻画，再生

① 刘滨等. 试论以物质流分析方法为基础建立我国循环经济指标体系. 中国人口・资源与环境，2005，15(4)：32－36.

利用物质总量是指经济系统中投入的在社会生产和生活消费过程中产生的，经过回收、加工处理使其重新获得使用价值的各种废弃物和污染排放总量。资源循环利用比率主要用工业固体废弃物处置利用率、工业用水循环使用率、工业废气综合利用率和包装可回收率进行全面反映。其中，工业固体废弃物处置利用率是指工业固体废弃物处置利用量占工业固体废弃物总量的比重，工业用水循环使用率和工业废气综合利用率分别指工业用水重复使用的比率和工业废气中处置利用的比率，包装可回收率是指包装可回收量占产品包装物总量的比重。

第四个系统层——经济社会发展，发展循环经济有助于以尽可能小的资源消耗和环境成本，获得尽可能大的经济效益和社会效益，提高经济增长的质量与效率。同时，循环经济也需要经济社会发展所带来的技术、观念等方面的支撑，因此从经济和社会发展两个方面设置了相应指标。其中，经济发展主要由人均 GDP、第三产业比重、年人均财政收入和社会劳动生产率四个指标加以反映。社会发展则由科技、教育经费占 GDP 比重、高等教育入学率、城市化水平、环境保护宣传教育普及率、基尼系数和社会基本保险覆盖率六个指标分别从科技进步、教育发展、分配公平和社会保障等方面予以刻画。由于以上各项指标均较为常用，这里对其具体计算方法不再赘述。

第五个系统层——生态环境，循环经济有利于保护环境，减少对环境的污染和破坏，因此从生态环境质量和生态环境管理两个方面设置指标反映循环经济发展中生态环境的提升状况。生态环境质量主要由森林覆盖率、城镇人均公共绿地面积、噪声达标区覆盖率、空气污染指数四项指标进行反映，生态环境管理则由环保投资占 GDP 比重、城镇生活污水集中处理率、城镇生活垃圾无害化处理率和清洁能源利用率四项指标加以描述。其中，噪声达标区覆盖率是指已建成的环境噪声达标区面积占城市建成区总面积的百分比。空气污染指数是一种反映和评价空气质量的数量尺度方法，主要根据环境空气质量标准和各项污染物对人体健康和生态环境的影响将常规监测的几种空气污染物浓度简化成为单一的概念性指数数值形式，并分级表征空气污染程度和空气质量状况。目前我国计入空气污染指数的项目暂定为：二氧化硫、氮氧化物和总悬浮颗粒物。环保投资占 GDP 比重指用于保护环境、综合治理污染的工程或设施投资占 GDP 的比重，反映政府对于环境保护的重视程度和力度。城镇生活污水集中处理率是指城市及乡镇建成区内经过污水处理厂二级或二级以上处理，或其它处理设施处理（相当于二级处理），且达到排放标准的生活污水量与城镇建成区生活污水排放总量的百分比。城镇生活垃圾无害化处理率是指城市及建制镇生活垃圾无害化处理量占垃圾产生总量的比例。清洁能源利用率是指清洁能源消耗占总能源消耗的比重，清洁能源包括太阳能、风能、水能、地热、海洋能等能源，对环境不产生或很少产生污染。

第六节 需要进一步说明的问题

一、国家层面循环经济统计核算账户体系的定位问题

国家层面循环经济统计核算账户体系采用实物量核算的方式，对经济系统中的物质流动进行系统的测算与分析，以表征循环经济发展的基本情况。因为主要依据循环经济理论构筑核算的主体框架，所以核算账户体系相对独立。但也不是一个完全封闭的系统，可以通过适当的衔接中介实现与现有国民经济核算体系的联系和协调，作为现有国民经济核算框架的一个特殊附属体系存在，用于反映循环经济的发展概况。

我国现阶段采用的《中国国民经济核算体系——2002》[①]的附录表中包括了自然资源实物量核算表，如下表6－6－1所示。自然资源实物量核算表主要用来反映自然资源在核算期期初和期末两个时点的实物存量以及在核算期内的变动情况。核算中的自然资源指我国境内所有自然形成的，在一定的经济、技术条件下可以被开发利用以提高人们生活福利水平和生存能力，同时具有某种“稀缺性”的实物性资源的总称，包括土地资源、森林资源、矿产资源、水资源等，不包括人文资源（如人力、资金、市场、信息等资源）及具有自然资源和人文资源双重性质的旅游资源等。自然资源分为资源资产和非资产性自然资源，资源资产指所有权已经界定，所有者能够有效控制并能够在目前或可预见的将来产生预期经济收益的自然资源，资源资产属于

① 中华人民共和国统计局．中国国民经济核算体系（2002）[M]．北京：中国统计出版社．

经济资产范畴，不具备资源资产性质的自然资源属于非资产性自然资源。

表 6—6—1　自然资源实物量核算表

项目	土地资源					森林资源				矿产资源				水资源			
	土地资产				非资产性土地资源	森林资产			非资产性森林资源	矿产资产			非资产性矿产资源	水资产			非资产性水资源
	农用土地		房屋及建筑物占地	其他		培育资产	非培育资产			能源矿藏	金属矿藏	非金属矿藏		初始利用量		重复利用量	
		耕地					人工林	天然林						地表水	地下水		
一、期初存量																	
二、本期增加																	
(一)自然增加																	
(二)经济发现																	
(三)分类及结构变化引起的增加																	
(四)其他因素引起的增加																	
三、本期减少																	
(一)自然减少																	
(二)经济使用																	
(三)分类及结构变化引起的减少																	
(四)其他因素引起的减少																	
四、调整变化																	
(一)技术改进																	
(二)改进测算方法																	
(三)其他																	
五、期末存量																	

自然资源实物量核算表的主栏分为期初存量、本期增加、本期减少、调整变化和期末存量。其中，引起本期增加或减少的因素包括自然因素、经济因素、分类及结构变化等，影响调整变化的因素主要是科技进步、核算方法变化等。宾栏根据自然资源的性质分为土地资源、森林资源、矿产资源和水资源，土地资源又分为土地资产和非资产性土地资源，森林资源又分为森林资产和非资产性森林资源，矿产资源又分为矿产资产和非资产性矿产资源，

水资源又分为水资产和非资产性水资源。

通过表 6－6－1 展示的自然资源实物量核算表可以看到，目前我国在国土资源、水利、林业、农业等相关部门，已经具备关于土地、矿产、森林、水等资源的基本统计基础，但总体上看关于资源环境的统计核算还仅处于起步阶段。为满足循环经济统计核算的需要，可考虑在现有的森林资源、矿产资源及水资源的核算基础上做适当调整，其它现有核算体系中未涉及的核算项目可重新拟定基本核算表。

联合国统计署一直在各国推荐使用的综合环境经济核算体系（SEEA），是可持续发展核算比较权威的指导性文件。SEEA 中详细说明了将资源耗减、环境保护和环境退化等问题纳入国民核算体系的概念、方法、分类和基本准则，构建了资源环境经济核算的基本框架。其宗旨在于以环境调整的国民财富、国内生产总值、国内净产出和资本积累等宏观经济指标支持社会、经济和环境综合决策。SEEA 也是未来我国国民经济核算体系的努力方向，随着我国国民经济核算体系的不断发展和完善，将建立适合我国国情的综合环境经济核算体系。

我国目前的统计制度从资料收集的渠道、来源和汇总、颁布的线索来看，各项统计大致是根据其职能管理部门划分的，如国家统计局负责社会、经济和科技方面有关环境问题的统计，因而其统计报表的制定、颁发和资料的回收由国家统计局负责，因而其有关指标基本上涵盖于一般的社会、经济状况的统计中；涉及自然状况和有关行业特征的统计则由各该自然状况或行业的职能管理部门负责，如国家环保总局既是制定环境政策的机构，也是收集环境统计数据的主要机构。国务院其他有关部门，如农业部、国土资源部、建设部、水利部、国家海洋局、国家林业局、中国气象局等也是收集有关环境统计数据的重要机构。此外，各地方、各部门除执行国家规定外，还搜集一些本部门所需要的其它有关环境统计数据。通过以上渠道收集的有关资源、生态、环境方面的统计数据难以与 SEEA 的要求相配套，因此难以按照 SEEA 的内容和体系进行核算。所以在构建适合我国国情的综合环境经济核算体系的过程中，一个重要的工作就是改革我国现有的统计制度，形成系统的资源、生态和环境方面的统计调查方法，各个部门密切配合，共同承担数据采集任务，为资源环境核算提供翔实可靠的数据基础，同时也为展开循环经济统计核算服务。

总之，本书在循环经济统计核算账户体系的定位中充分贯彻了实用性原则。因为如果不考虑现有的核算基础，所构筑的循环经济统计核算账户体系无异于空中楼阁，难以实现。构建的循环经济统计核算账户体系相对独立，自成一体，与现有国民经济核算体系易于衔接，体现了其强大的分析能力。对于研究我国循环经济发展以及经济发展对于资源环境的需求和影响有着重要的意义，有助于政府为实现循环经济发展目标、协调经济发展与资源环境的关系进行科学的宏观调控和管理。

二、国家层面循环经济统计核算账户体系的实现问题

从理论上讲，循环经济统计核算账户体系要求对经济系统涉及的所有物质量进行测算。实际上，要使账户体系核算所有的物质量既不可能也不可取。不可能是因为以我国目前的数据基础来看，完整的物质量核算不可能实现。不可取是因为一些物质量从环境角度来考虑的话并没有值得核算和记录的意义，如那些几乎没有使用限制的物质的使用（如空气的使用），在核算账户体系中只作为平衡项出现。总的来看，由于核算数据基础的限制，循环经济统计核算账户体系仅能对经济系统涉及的较为重要的物质量（现有的核算体系能够提供的物质量数据）展开核算分析。随着基础数据信息收集系统的进一步完善，账户体系中涉及的物质量范围也将逐步扩大。本书第八章的实证测算部分就是在现有的数据基础上展开的，目前的数据广泛分散在众多国民经济的分类年鉴中，只能努力将这些数据综合在一起，形成系统的核算账户体系，但存在很大程度的估算问题。因此未来需要进一步发展完善国民经济基础数据信息收集系统，为循环经济统计核算提供良好的数据支撑。

需要特别说明的是，尽管循环经济统计核算账户体系不可能对经济系统中所有的物质量展开核算，但这并不会削弱其现实的应用价值。即使没有涵盖经济系统涉及的所有物质，对目前可获得数据的物质投入、排放、贮存及循环利用情况的系统描述，仍然可以清楚地告诉我们经济社会是朝着还是远离循环经济的方向发展。在其它情况相同的条件下，如果随着时间的推移，每单位经济产出（或个人）对环境的需求和影响（以物质量的形式表

现)不断减少,物质循环利用的程度不断提高,那么发展的道路就是朝着循环经济的方向前进的。当可以获得更多完整系统的关于物质流动的数据时,循环经济统计核算账户体系的分析功能将进一步强大起来,可以更为客观具体地分析循环经济的发展水平和存在问题。

三、具体操作中相关问题的把握

(一)具体操作中核算范围的限定

虽然原则上循环经济统计核算账户体系需要记录经济系统和自然环境之间所有的物质流量,即以实物量形式对经济系统利用的自然资源以及排放至经济系统外的废弃物进行系统核算。但如前所述,要使账户体系测算所有的物质流量既不可能也不可取。考虑循环经济统计核算的可操作性以及循环经济统计核算与 SNA 的合理衔接,在实际应用中可把循环经济统计核算的核算对象界定为:与一国经济领土上所有常住单位的经济活动相关的物质和能源流量,不管这些流量与经济活动是直接相关还是间接相关。

由此,类似于 SNA 的机构部门分类,循环经济统计核算账户体系涉及的经济单位可分为三类——企业部门、政府部门及住户部门。企业部门是指以营利为目的进行市场性经济活动、汇集各种生产要素进行生产活动并提供各种货物和服务的企业群体,包括国有企业单位、各种外资和合资合营企业单位以及私营企业单位等。政府部门由所有通过政治程序设立、行使政府职能的行政单位以及由政府资助的其他单位组成。政府部门的主要职能是通过社会经济管理为居民和社会公众提供公共服务。住户部门由所有常住住户组成,也包括住户拥有的个体经营单位。在经济过程中,住户部门不仅是货物和服务的消费者,同时也是各种生产要素的提供者。

SNA 中的经济活动定义为所有涉及货物和服务的生产和消费的人类活动。这些货物和服务可能参与市场交易,也可能被生产这些货物和服务的同一经济单位所消费。依据上述经济活动的定义,经济系统生产的货物和服务流量在 SNA 中以货币形式得到了清晰的体现。在循环经济统计核算中,根据经济运行过程中不同阶段的经济活动伴随的物质流量特征,可将经济系统的物质流动归纳为物质生产、物质消费、废物排放,废物处置四类活动,以实现对经济系统物质流动的全面核算。当物质被某个经济单位在自然环境中从其自然状态下开采出来，随之进入经济系统中，或者用于市场销售，或者被其生产者自身消费掉，这就是物质的生产。所谓物质消费是指当物质被其生产者出售给其它的经济单位（国内的或国外的）或者作为其生产者经济活动的投入被使用掉的过程。废物在循环经济统计核算中被定义为任何对于生产者没有价值并且直接被排放到环境中或者不给予生产者任何补偿由其它经济单位对其进行处置的物质和能源。其可能是生产或消费过程中所生产的废弃的副产品，也可能是一种在其被使用后对其所有者无用的废弃物。所谓废物的排放是指某个经济单位在从事经济活动的过程中所产生和处置的对其没有用途的物质和能源。而废物处置是指经济单位负责处理废物或为了在生产活动中能够再次投入使用而对废物原料进行再加工。如果没有负责处理废物的单位（也就是说，废物直接被排放到环境中去），那么环境就被认为是废物的处置者。

通过上述核算范围的界定，循环经济统计核算账户体系可实现对经济系统和各部门的物质投入量、废物排放量以及废物处置全过程的清晰记录。

（二）核算方法应用中需注意的问题

循环经济统计核算中所有的物质流量在可能的情况下使用重量单位进行记录，如果不能以重量单位进行记录，则使用体积单位进行记录。如果所有的物质流量都能够以同一单位来计量，对不同类型的物质流量进行合计则成为可能。虽然是可能的，但也仅仅是在这种合计的结果是有意义的时候才能进行这种合计。例如尽管一吨的废报纸和一吨的用废的汽车电瓶在重量方面没有区别，但是作为废物，两者对于环境的潜在影响有着极大的差别。所以，加总这两种流量并记录一个“两吨”的固体废弃物的排放可能会隐藏这些排放物各自潜在的对环境影响的严重性。为了避免这种将“苹果和桔子相加”的情况，循环经济统计核算中通常对各种物质流量分别予以测算和记录。但是，也可以通过设计专门的权数使其在可比的基础上对各种不同的物质流量（特别是废物流量）进行测算和加总。利用不同的废物在环境影响方面的相似性使得不同废物流量数据可以相互比较。

四、生态包袱的计算问题

在循环经济统计核算账户体系中，需要核算国内未使用开采量以及进口、出口隐藏流等相关指标，由于我国尚没有开采单位质量金属与非金属、化石燃料和建筑材料等动用自然界物质（如表土、岩石等）数量方面的实测数据，所以现有研究中大都采用德国 Wuppereal 研究所或欧盟生态经济研究所提供的全球生态包袱平均比率来估算我国资源开采的生态包袱。但是从理论上讲，生态包袱系数与物质资源的特点、生产方式、生产力水平等有关，不同国家的生态包袱系数不尽相同，在实际应用中简单套用其他国家的生态包袱系数会带来很大的不确定性。因此我国应着手测算符合我国实际情况的生态包袱系数，使核算结果更符合客观实际。

第七章

我国国家层面循环经济投入产出分析研究

第六章给出了国家层面系统完整的循环经济统计核算账户体系，账户体系通过全面地记录和反映循环经济运行中的输入物质量、输出物质量、物质存量以及物质循环利用情况，达到监测和评价循环经济发展的目的。但循环经济统计核算账户体系对经济系统内部的物质流量和流向缺乏分析和监测，需要利用投入产出分析技术对经济系统内部的物质流动特征做进一步的分析，弥补循环经济统计核算账户体系的不足，第七章将给出国家层面循环经济投入产出分析的基本框架。

第一节　投入产出分析概述

一、投入产出分析的产生和发展

投入产出分析是由美国著名经济学家瓦西里·列昂惕夫(Wassily W. Leontief)于1936年提出的一种旨在探索和解释国民经济结构及运行的数量经济分析方法，其核心内容和重要工具就是投入产出表。列昂惕夫在其著作《投入产出经济学》中精辟地阐述了投入产出表的价值所在，即“一个有关整个经济的比率表，可以使我们尽量详细地从数量方面了解整个经济体系的内部结构。这样就有可能详细地预测受理论问题或眼前实际问题的启发而改革经济体系所产生的后果。”列昂惕夫认为投入产出分析一般包括以下三个步骤：第一步，编制投入产出表；第二步，根据投入产出表中的数据计算投入系数，投入系数是一个部门平均生产一单位产出所需作为中间消耗而投入的另一部门的产品数量；第三步，对投入系数矩阵求逆，得出逆系数，再根据逆系数建立以产出为最终需求的函数的联立方程体系，这里的逆系数指某一部门产出的最终需求增加一个单位直接和间接影响另一部门产出(包括本部门)的变动数额。

自列昂惕夫提出投入产出分析技术之后，世界各国均积极开展了本国投入产出表的编制研究。到 20 世纪 90 年代，世界上绝大多数国家都编制了本国的投入产出表。投入产出分析技术成为被广泛应用的经济数量分析方法，是宏观经济决策和管理不可或缺的有效分析工具。联合国也于 1950 年成立了国际投入产出分析协会，定期召开世界范围的投入产出分析国际学术研讨会，在联合国倡导的 SNA 核算体系中，也把投入产出分析作为其中一个重要的部分，成为统计核算的基本内容。

除了应用于宏观领域，投入产出分析在区域经济研究领域、企业生产经营管理中的运用也非常广泛。区域经济系统的投入产出分析主要探讨地区经济部门中的生产关系、消费关系和流通关系，分析产品的消耗构成、生产效益和技术经济水平，有助于确立地区合理的经济结构，还可以通过建立地区间的投入产出分析模型，考察地区之间的经济往来和经济联系。企业的投入产出分析主要用来反映企业生产环节的投入与产品产出之间的生产联系、物质供应、设备和劳动资源利用情况，有助于全面反映企业生产过程中的各项基本流量。另外，近年来推出的投入产出动态模型、投入产出优化模型、绿色投入产出等分析技术在实践中也得到了一定程度的关注。

二、投入产出分析的基本原理

从投入产出表到投入产出分析模型以及各种应用技术，投入产出分析形成了一个完整的分析框架。投入产出表是一张行列交织的棋盘式平衡表,其描述对象是一个相对独立的经济系统在一定时期内所发生的投入产出关系。投入产出表的基本表式见表7—1—1①。

表7—1—1 投入产出表的基本表式

		中间产品 1,2,…,n	最终产品	总产品
中间产品	1 2 ⋮ n	X_{ij}(第Ⅰ象限)	Y_i(第Ⅱ象限)	X_i
最初投入		N_j(第Ⅲ象限)	(第Ⅳ象限)	
总投入		X_j		

如表7—1—1所示,投入产出表行的方向表示经济系统各组成部门的产出及其使用,根据产品使用方向的不同,将产品分为中间产品和最终产品两大类。中间产品是指在当期生产过程中被消耗掉的产品,是为生产最终产品所消耗的产品。最终产品是指离开当期生产过程进入最终需求领域满足消费、投资以及出口需要的产品,体现了一时期经济活动的目的和最终的成果。投入产出表列的方向表示各部门生产活动的投入及其来源,根据投入品价值转移方式的差别分为中间投入和最初投入。中间投入的价值在新产品的生产过程中一次性全部转移到新产品上,原有实物形态消失,各种原材料、能源等都属于中间投入。最初投入的价值根据生产中的消耗而逐步转移,其实物形态在较长时期内保持不变,所以最初投入主要指固定资产以及劳动力的投入,此外利润与税收也列在最初投入中。

投入产出表的行列按上述分类相互交叉形成了四个象限。假定经济系统可以分为n个部门,则第Ⅰ象限为一个$n \times n$的矩阵,反映货物和服务在部门间的流量。第Ⅰ象限中的元素X_{ij}具有双重含义,一方面表示当期第j部门在生产过程中对第i部门产品的消耗量,即在j部门生产过程中有X_{ij}数量的i部门产品作为中间投入被j部门所消耗;另一方面它表示当期i部门

① 本书给出的是投入产出表早期的简单形式,即静态的产品型投入产出表。

产品分配给 j 部门使用的数量。第Ⅱ象限是第Ⅰ象限在行方向上的延伸，Y_i 表示 i 部门产品用作最终产品的数量，最终产品一般又可以分为消费、资本形成和出口，其中前两项还可以进一步细分。最终产品与中间产品的合计即为总产品。第Ⅲ象限为第Ⅰ象限在列方向上的延伸，N_j 表示 j 部门的最初投入。最初投入一般分为固定资产折旧、劳动者报酬、生产税净额和营业盈余。最初投入与中间投入合计即为总投入。第Ⅳ象限在理论上反映收入再分配的情况，但由于这一过程难以纳入最初投入与最终产品所构成的矩阵框架，所以一般为空项。

在投入产出分析表的基础上，可构造相应的投入产出分析模型，以投入产出分析表中各经济指标间的数量关系为依据，借助线性方程组的数学形式反映经济系统的投入与产出的关系，并可按照经济分析的需要开展各种运算，揭示经济系统的深层次数量关系，为经济分析和评价服务。

三、投入产出分析在我国的应用

我国是投入产出表编制工作开展较早的国家之一。早在 20 世纪 60 年代，我国学者就开始进行投入产出技术的研究。1974 年，为研究宏观经济问题，编制国民经济计划，在国家统计局和原国家计委的组织下，由国家统计局、国家计委、中国科学院、中国人民大学、北京经济学院等单位联合编制了 1973 年实物型投入产出表，这是我国编制的第一张全国投入产出表。从 1987 年开始，投入产出调查和编表工作由国家统计局负责，并形成制度，在逢二、逢七年份编制基本表，在逢零、逢五年份编制延长表，这标志着我国投入产出应用进入了规范化、制度化阶段。地区投入产出表的编制工作发展也很快，1987 年以后，除个别省区因条件不足未编表外，全国绝大多数省、市、自治区都与国家同步编制本地区的投入产出表①。

部门表和企业表是我国应用投入产出分析的一大特色。我国较早的部门表是化工系统于 1976 年编制的 16×16 种产品的实物表，之后编制部门表的有船舶制造、有色金属、机械、能源、纺织、军工、农业等部门。至于企业表，鞍钢在完成了 1964 年以金属物料平衡为主线的投入产出表后，还编制了

① 投入产出分析方法是我国经济管理的重要工具和手段，http://www.lctj.gov.cn/ShowArticle.asp?ArticleID=2275.

1977～1981年的实物表和部分年份的价值表。此后，还有很多企业开展了投入产出分析并取得了较好的效果，如天津自行车厂、北京第一棉织厂等[①]。总体来看，我国部门和企业的投入产出分析模型应用一直都非常活跃，有很多应用范例，这在其他国家是很少见的。

投入产出分析作为一种现代管理科学方法，在我国国民经济的诸多领域得到了成功应用，如研究国民经济各部门之间的数量依存关系，研究和分析重大决策和事件对国民经济的影响，开展价格调整的实证分析，研究资源环境问题等。由于投入产出分析在我国的广泛应用和实践，我国学者在投入产出分析理论和方法研究中也取得了很多开创性成果，如在投入产出技术非线性化、动态化研究方面，企业投入产出分析、考虑存量的投入产出技术以及投入产出表的更新等方面，具有明显的中国特色，为国际投入产出分析研究作出了很多贡献。

第二节　国家层面循环经济投入产出表的构建

国家层面的循环经济统计核算账户体系主要对输入、排出以及贮存在经济系统内的物质量进行了系统的描述，但对经济系统内部的物质流动缺乏必要的反映和分析。为了能够清晰地展示经济系统内部的物质流动情况，本书将借助投入产出分析工具来进行研究。经济系统中的物质流动错综复杂，循环经济投入产出分析希望能够从纵横交叉的物质流动关系中找到其中最能说明问题实质的基本联系。

一、国家层面循环经济投入产出表涉及的基本分类

循环经济投入产出表的结构由涉及的宏观部门分类和物质分类直接决定，下面分别就部门分类和物质分类以及分类的原因做简要介绍。

（一）部门分类

物质在经济系统内的流动路径是设立循环经济投入产出分析表中部门分类的主要依据。如前所述，与传统经济增长“资源—产品—污染排放”的

① 刘启运等编著. 投入产出分析[M]. 北京：中国人民大学出版社，2006：8—10.

线性模式不同，循环经济遵循的是“资源—产品—再生资源”的反馈式发展模式，而反馈式的发展模式直接决定了物质在经济系统内的基本流动路径，图 7—2—1 给出了循环经济发展模式下物质在经济系统内的流动路径。

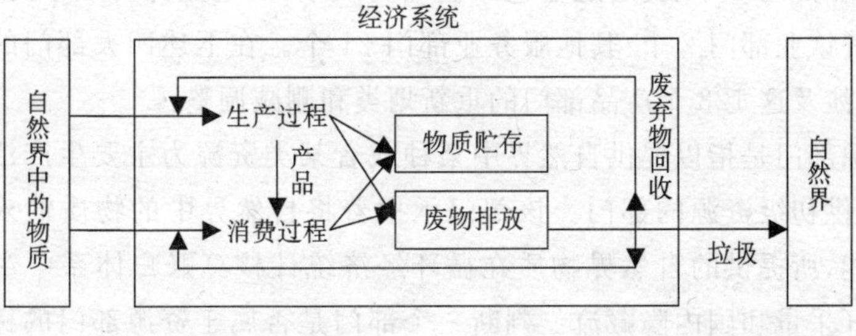

图 7—2—1 循环经济下物质在经济系统内的流动路径示意图

从图 7—2—1 可以看到，首先，自然界的物质通过系统边界进入经济系统内部，主要用于生产和消费过程，因此从物质输入端考虑，需要设立资源部门，即直接提供自然界物质给使用者的部门。其次，生产过程利用自然界的输入物质生产产品并同时产生废弃物和污染排放，生产的产品提供给消费过程。而消费过程既直接使用自然界物质，也耗费生产过程提供的产品，同时产生废弃物和污染排放。因此，从物质使用端考虑，需要区分生产部门和消费部门。最后，生产部门及消费部门（资源部门在获取资源的过程中也会产生少量的废弃物）产生的废弃物，经过回收利用后又作为物质输入进入生产和消费过程（也有小部分进入资源部门），因此，为反映废弃物的排放及循环利用情况，有必要设立资源恢复部门。资源恢复部门的作用是将经济系统排放的废弃物，进行回收及再利用，最终没能被资源恢复部门回收以及不能被再循环利用的废弃物作为垃圾被排出经济系统。

基于以上分析，循环经济投入产出表的宏观部门主要设立资源部门、生产部门、消费部门和资源恢复部门。

需要说明的是，为了使循环经济投入产出表具有更强的实践性和可操作性，在编制过程中必须充分考虑现有的核算基础，特别是我国投入产出分析工作的现状及开展水平。循环经济投入产出表的部门分类要充分借鉴现有国民经济核算的部门分类，特别是部门的细分类项目，力争在我国目前投入产出表已有的部门细分类基础上形成循环经济投入产出表的四大部门。

当然,因为研究目的的不同,还需在已有细分类的基础上做必要的调整。目前,在我国已经编制完成的投入产出表(2002)①②将全部生产活动划分为123个产品部门,其中农林牧渔业部门6个、工业部门81个、废品废料部门1个、建筑业部门1个、交通运输仓储业部门9个、邮电业部门2个、批发零售贸易和餐饮业部门2个、其他服务业部门21个。在下述四大部门的具体分类中,将涉及这123个产品部门的重新划类和删减调整。

资源部门是指以提供自然界中某种或者某类资源为主要生产活动的部门,即提供初级资源的部门。该部门承担着将自然界中的物质输入经济系统的功能,所提供的自然界物质在循环经济统计核算账户体系中主要体现为国内开采量和国内隐藏流。判断一个部门是否属于资源部门的标准在于其是否是为其他部门提供初级资源,有些部门虽然是以某种初级资源为生产活动的中心,但使用的初级资源来自于资源部门的供应,因此不能作为资源部门看待,如石油加工业。按照这一标准,能源行业中的二次能源部门都不属于资源部门。在现有投入产出表的123个产品部门中,农业、林业、渔业、煤炭开采和洗选业、石油和天然气开采业、黑色金属矿采选业、有色金属矿采选业、采盐业、其他非金属矿采选业、自来水的生产和供应业均应属于资源部门。由于工业原料和建筑材料中涉及的表土开挖(如粘土、沙石、料石的使用)未能在现有的部门分类中显示,因此需增加表土开挖部门。另外,以上提到资源部门的11个子部门不仅为生产和消费等过程提供初级资源,初级资源所带的隐藏流也同样要纳入分析范围,以反映经济系统物质输入造成的环境影响。

生产部门是指提供非初级资源的产品和服务给生产和消费等过程的部门,这一定义使生产部门明显区别于资源部门。另外,将所有为经济系统提供服务的部门也纳入生产部门的范畴,如公共管理和社会组织、娱乐业、体育事业、教育事业等各种服务业。在现有投入产出表的123个产品部门中,除去当中的10个资源部门以及废品废料部门,其他的112个产品部门均符

① 国家统计局国民经济核算司.中国2002年投入产出表编制方法[M].北京:中国统计出版社.2005:181-214.

② 我国正在编制的投入产出表(2007)共划分了144个产品部门,但由于并未编制完成,故在本书中仍参考投入产出表(2002)中的部门分类。

合生产部门的定义。

消费部门是指资源部门和生产部门提供的产品和服务的最终使用部门，该部门使用产品和服务的目的主要是用于个人或家庭需要而不是用于生产经营或销售等目的，这是消费部门最本质的特征。资源部门提供的初级资源大部分提供给生产部门，但也有少部分直接提供给消费部门。而消费部门是生产部门提供的绝大多数产品和服务（资源部门和资源恢复部门也会消耗少量的生产部门提供的产品和服务）的最终使用者。需要特别说明的是，之所以设立消费部门，主要原因不仅在于消费部门是物质的主要使用者，还在于消费部门是废弃物排放的主要来源，也是再生资源利用的主要部门。在传统的投入产出表中，仅将该部分作为最终使用和初始投入处理，不利于反映消费过程的废弃物排放及回收利用情况。

资源恢复部门是吸纳生产、消费等部门产生的废弃物及污染并进行废弃物回收利用的部门，该部门将回收利用的物质又投入到经济系统的运行之中，因此是循环经济投入产出表中非常重要的部分，直接反映了废弃物到可再生资源的循环转化情况。目前，我国现有投入产出表的产品部门分类中已设有废品废料部门，主要用来核算我国当年生产的已出售的废品废料价值量、未计入产值的副产品销售值和回收的废品废料价值之和。在实际中用推算的方法获得数据，即从推算放大的各部门中间投入构成表中获得当年废品废料投入量，并减去进口的废品废料，再加上出口的废品废料获得。而循环经济投入产出表中的资源恢复部门需要在已有的废品废料部门的基础上关注废弃物及污染排放的实物量数据，并尽可能在循环经济投入产出调查中增加反应废弃物回收利用的调查项目并积极开展相关间接推算，以满足编表的数据要求。

总的来看，以上提出的资源部门、生产部门、消费部门和资源恢复部门，使循环经济投入产出表能够完整的描述物质在经济系统中的运行过程。这样的部门分类，不仅可以清楚地反映各部门的物质来源及消耗情况，还有助于分析各部门的废弃物排放以及再生资源的利用情况，能够满足循环经济投入产出分析的基本目标——刻画物质在经济系统内的流动情况。

需要特别说明的是，虽然以上提出的循环经济投入产出部门分类力争在已有投入产出表产品部门分类的基础上形成，但因为只关注物质质量，并增加了若干新的部门，如资源部门中的表土开挖部门、消费部门和资源恢复部门，在实际应用中对于资料来源还需要做进一步的研究讨论。凭空建立一套数据信息系统并不现实，只能考虑在现有的投入产出调查及相关的核算基层资料中增加相关项目，并积极开展间接推算，以满足循环经济投入产出分析的要求。

(二)物质分类

为保证分析过程的连贯性，循环经济投入产出分析中的物质分类充分借鉴了循环经济统计核算账户体系涉及的物质基本分类，但也根据研究目的做了适当的调整。循环经济统计核算账户体系涉及的物质分类见第六章第二节的物质投入分类表(表6—2—1)、物质排放分类表(表6—2—2)和物质存量分类表(表6—2—3)。循环经济投入产出分析中的物质投入主要区分为化石燃料、矿物原料和生物性物质三类，但注意其中包括了为获得这些物质投入所付出的生态包袱(隐藏流)代价，这在化石燃料、矿物原料和生物性物质的细分类中单列。物质排放主要包括废弃物与污染排放、耗散性使用与损失、物质投入产生的生态包袱和出口以及伴随的隐藏流，之所以在物质投入和物质排放中均包含生态包袱，是因为生态包袱一经产生即成为经济系统的物质排放。物质存量主要区分为建筑及基础设施、机器设备、耐用品和其他物质存量四项。

二、国家层面循环经济投入产出表的基本假定

投入产出表的构建以及投入产出分析模型的应用，需要受到必要的前提假设条件的约束，因此在给出循环经济投入产出表的基本表式之前，需要对传统投入产出表和循环经济投入产出表的几个关键性假定进行介绍，这是认识投入产出分析有效性的关键所在。

(一)传统投入产出表的基本假定

对于表7—1—1所示的传统的投入产出表来讲，主要存在两个基本假定[①]:即同质性假定和比例性假定。

所谓同质性假定，是假定属于同一部门的各种产品的生产消耗结构和

① 高敏雪等主编.资源环境统计[M].北京:中国统计出版社，2004:38—39.

使用方向结构均具有一致性。即归入某一生产部门内的所有产品是可以完全相互替代的,而不同生产部门之间的产品没有替代性。这样使投入产出表中的各个部门都成为一个单纯生产某种产品的集合体,以使投入产出分析能够反映各部门产品的不同用途,并按不同用途说明其使用去向。同时不考虑部门内部生产过程中不同生产技术的差异和产品的相互替代,准确反映各部门产品的物质消耗构成,在产品和部门间建立了一一对应的关系。在现实中,无论产品分类如何细致,不同的产品仍然具有不同的生产消耗结构和使用方向结构,但是,同属一大类的产品一般要比不属同一大类的产品具有更接近的投入产出结构,因此同质性假定在一定程度上存在合理性。

比例性假定是假设国民经济各部门投入与产出之间是成正比例关系的,即随着产品生产(产出)的增加,所需的各种消耗(投入)是以同样的比例增加的,即投入系数与产出规模无关。因此,产出和投入之间在比例性假定下具有线性关系,投入产出模型相应也为较简单的线性模型,但实际中各个因素之间的关系往往表现为非线性关系,也常常受到随机因素的影响。

总之,同质性假定和比例性假定使所研究的复杂经济联系大大简化,保证了各部门经济联系线性关系的确定性和稳定性,有助于用比较简单的线性方程进行研究。但是也正因为线性方程过于简单,使投入产出分析不可能完全反映客观实际,使投入产出分析的应用具有一定的局限性。

(二)循环经济投入产出表的基本假定

传统投入产出表的基本假定,对于本书构建的循环经济投入产出表及分析模型也同样适用,但由于循环经济投入产出分析的特殊性,还需对其涉及的基本假定作进一步的分析。

循环经济投入产出分析的部门分类与传统投入产出分析的部门分类有较大的差异,传统投入产出分析的同质性和比例性假定主要应用于循环经济部门分类中的生产部门和资源部门,因为生产部门和资源部门的具体分类主要来源于现有投入产出表的产品部门分类。这样,同质性和比例性假定假设在生产部门和资源部门内部,具有相同的物质投入和物质消耗结构,并且具有固定的比例关系。而对于增设的消费部门和资源恢复部门来讲,同质性和比例性假定的具体含义需做一些必要的解释——消费部门是产品和服务的最终使用部门,也是废弃物排放的主要源头,为了相关分析的顺利进行，需要假设消费部门的物质消费结构和物质排放结构具有相对的稳定性；资源恢复部门是吸纳生产、消费等部门产生的废弃物及污染并进行废弃物回收利用的部门，这里必然涉及到不同种类的废弃物，因此需假设每一种废弃物的回收利用具有相同的物质消耗结构并固定不变。

另外，在循环经济投入产出分析中，资源恢复部门只是一个虚拟部门，实际中的废弃物排放和回收利用都是和生产过程密不可分的，因此需要在基础核算中将相关资料从生产过程的资料中分离出来。

三、国家层面循环经济投入产出表的基本表式

在循环经济投入产出分析的部门分类、物质分类及相关假定的基础上，为反映物质在经济系统内的流动和循环情况，本书构建了如表7—2—1所示的国家层面循环经济投入产出表的基本表式。

表7—2—1　国家层面循环经济投入产出表的基本表式

		资源部门 1,2,…,n	生产部门 1,2,…,m	消费部门 1	资源恢复部门 1	物质存量净增	物质排放（不可回收）	物质总使用
资源部门	1 2 ⋮ n	R_{ij}^{r}	R_{ij}^{p}	R_{i}^{c}	R_{ij}^{w}	ΔR_{i}^{s}	N_{i}^{r}	X_{i}^{r}
生产部门	1 2 ⋮ m	p_{ij}^{r}	p_{ij}^{p}	p_{i}^{c}	p_{ij}^{w}	Δp_{i}^{s}	N_{i}^{p}	X_{i}^{p}
消费部门	1	c_{ij}^{r}	c_{ij}^{p}	c_{i}^{c}	c_{ij}^{w}	Δc^{s}	N^{c}	X^{c}
资源恢复部门	1	W_{ij}^{r}	W_{ij}^{p}	W_{i}^{c}	W_{ij}^{w}	ΔW^{s}	N^{w}	X^{w}

续表

		资源部门	生产部门	消费部门	资源恢复部门	物质存量净增	物质排放（不可回收）	物质总使用
		1,2, …,n	1,2, …,m	1	1			
物质存量净增		$\Delta R_i^{s'}$	$\Delta p_i^{s'}$	Δc^s	ΔW^s	ΔS	N	—
物质总投入		Y_j^r	Y_j^p	Y^c	Y^w	—	—	M
物质投入	生物性物质 矿物原料 化石燃料	r_{ij}^r	r_{ij}^p	r_i^c	r_i^w	r_i^s	—	x_i^r
物质排放	废弃物与污染排放 回收利用 未回收利用 耗散性使用与损失 耗散性使用 耗散性损失 国内隐藏流 出口及隐藏流	w_{ij}^r	w_{ij}^P	w_i^c	w_i^w	—	—	x_i^w
物质存量净增	建筑及基础设施 机器设备 耐用品 其他	Δs_{ij}^r	Δs_{ij}^P	Δs_i^c	Δs_i^w	—	—	x_i^s

如表 7－2－1 所示，循环经济投入产出表行的方向列出了资源部门、生产部门、消费部门和资源恢复部门四大部门。列的方向除了列出上述四大部门外，还给出了物质的基本分类，即通过对物质投入、物质排放和物质存量三方面的考察分析各部门的物质流量及存量状况。根据这样的行列安排可以看出，循环经济投入产出表的主要分析功能集中在可以明确反映经济系统中部门与部门之间的物质流动以及物质在不同部门之间的流动情况，简述为“部门×部门”和“物质×部门”两大分析功能，反映在表 7－2－1 的两个粗线围绕的区域，这两个区域的横向均反映物质的使用，纵向均反映物质的投入。下面将对表 7－2－1 中各部分的具体含义作出解释。

1. 在“部门×部门”区域中，从横向使用的角度来看：

R_{ij}^{r}表示第j个资源部门在提供初始资源的过程中消耗的第i个资源部门的资源量。R_{ij}^{p}表示第j个生产部门在生产过程中消耗的第i个资源部门的资源量，R_{i}^{c}表示消费部门直接消耗的第i个资源部门的资源量，R_{ij}^{w}表示资源恢复部门在废弃物回收利用过程中消耗的第i个资源部门的资源量。

p_{ij}^{r}表示第j个资源部门在提供初始资源的过程中消耗的第i个生产部门的产品量，p_{ij}^{p}表示第j个生产部门在生产过程中消耗的第i个生产部门的产品量，p_{i}^{c}表示消费部门消耗的第i个生产部门的产品量，p_{ij}^{w}表示资源恢复部门在废弃物回收利用过程中消耗的第i个生产部门的产品量。

对于该区域的第三行需要说明的是：严格来讲，消费部门可以为资源部门、生产部门等提供人力资本，但由于本书关于循环经济的分析始终以“物质循环”为核心，而消费部门作为单纯的物质使用部门并不能为其他部门提供物质量，因此c_{ij}^{r}，c_{ij}^{p}，c_{ij}^{c}均可设定为0。c_{ij}^{w}表示消费部门向资源恢复部门提供的可供回收利用的物质量。

W_{ij}^{r}表示第j个资源部门在提供初始资源的过程中消耗的再生资源总量。W_{ij}^{P}表示第j个生产部门在生产过程中消耗的再生资源总量，W_{ij}^{c}表示消费部门消耗的再生资源总量，W_{ij}^{w}表示资源恢复部门在废弃物回收利用过程中消耗的再生资源总量。

从纵向投入的角度看，各列分别反映资源部门、生产部门、消费部门和资源恢复部门利用其他部门资源的物质投入情况，这里不再对列方向各指标的具体含义一一赘述。

2. 在“物质×部门”区域中，从横向使用的角度来看：

r_{ij}^{r}表示第j个资源部门在提供初始资源的过程中消耗的第i种物质投入量，r_{ij}^{p}表示第j个生产部门在生产过程中消耗的第i种物质投入量，r_{i}^{c}表示消费部门直接消耗的第i种物质投入量，r_{i}^{w}表示资源恢复部门在废弃物回收利用过程中消耗的第i种物质投入量。物质投入的分类大项分别为生物性物质、矿物原料和化石燃料，还可以根据需要做进一步细分类。

w_{ij}^{r}表示第j个资源部门在提供初始资源的过程中排放的第i种物质，w_{ij}^{P}表示第j个生产部门在生产过程中排放的第i种物质，w_{i}^{c}表示消费部门直接排放的第i种物质，w_{i}^{w}表示资源恢复部门在废弃物回收利用过程中排

放的第 i 种物质。物质排放的分类大项分别为废弃物及污染排放、耗散性使用与损失、耗费的隐藏流和出口及隐藏流，也可根据需要做进一步细分类。之所以在物质排放中考虑隐藏流，是因为隐藏流一经产生即视为经济系统对环境的影响，它与废物排放的性质一致，都对自然环境造成了影响。

Δs_{ij}^r、Δs_{ij}^P、Δs_i^c 和 Δs_i^w 分别表示第 j 个资源部门在分析期末的第 i 种物质存量净增、第 j 个生产部门在分析期末的第 i 种物质存量净增、消费部门在分析期末的第 i 种物质存量净增以及资源恢复部门在分析期末的第 i 种物质存量净增。物质存量的分类大项分别为建筑及基础设施、机器设备、耐用品和其他物质存量，也可根据需要做进一步细分类。

从纵向投入的角度看，各列分别反映资源部门、生产部门、消费部门和资源恢复部门各项物质的投入以及物质排放和物质存量状况，这里不再对列方向各指标的具体含义一一赘述。

另外，在“部门×部门”和“物质×部门”区域之外，ΔR_i^s、Δp_i^s、Δc^s 和 ΔW^s 分别表示资源部门、生产部门、消费部门和资源恢复部门在核算期末的物质存量净增。N_i^r、N_i^P、N^c 和 N^w 分别表示资源部门、生产部门、消费部门和资源恢复部门的不可回收的物质排放量（可回收的物质排放已提供给资源恢复部门）。X_i^r、X_i^p、X^c 和 X^w 分别表示资源部门、生产部门、消费部门和资源恢复部门的物质使用总量。Y_j^r、Y_j^p、Y^c、Y^w 分别表示资源部门、生产部门、消费部门和资源恢复部门的物质投入总量。r_i^s、x_i^r、x_i^w 和 x_i^s 分别表示第 i 种物质的物质存储量、第 i 种物质的总使用量、第 i 项物质的排放总量以及第 i 类物质存量的总规模。

第三节 国家层面循环经济投入产出表的基本分析功能

在循环经济投入产出表的基础上，本节将重点探讨循环经济投入产出表中蕴含的基本平衡关系以及其可能提供的各项分析功能。

一、国家层面循环经济投入产出表的基本平衡关系

（一）“部门×部门”区域的基本平衡关系

1. 行平衡关系

资源部门的行平衡关系为：$R_{ij}^r + R_{ij}^p + R_i^c + R_{ij}^w + \Delta R_i^s + N_i^r = X_i^r$，表示资

源部门、生产部门、消费部门和资源恢复部门消耗的资源部门提供的初始资源总量加上资源部门的物质存量净增和不可回收的物质排放量等于资源部门的物质总使用。

生产部门的行平衡关系为：$p_{ij}^{r}+p_{ij}^{p}+p_{i}^{c}+p_{ij}^{w}+\Delta p_{i}^{s}+N_{i}^{P}=X_{i}^{p}$，表示资源部门、生产部门、消费部门和资源恢复部门消耗的生产部门提供的物质总量加上生产部门的物质存量净增和不可回收的物质排放量等于生产部门的物质总使用。

消费部门的行平衡关系为：$c_{ij}^{w}+\Delta c^{s}+N^{c}=X^{c}$，表示消费部门提供给资源恢复部门的物质量加上消费部门的物质存量净增和不可回收的物质排放量等于消费部门的物质总使用。

资源恢复部门的行平衡关系为：$W_{ij}^{r}+W_{ij}^{P}+W_{i}^{c}+W_{ij}^{w}+\Delta W^{s}+N^{w}=X_{i}^{w}$，表示资源部门、生产部门、消费部门和资源恢复部门消耗的资源恢复部门提供的再生资源总量加上资源恢复部门的物质存量净增和不可回收的物质排放量等于资源恢复部门的物质总使用。

2. 列平衡关系

资源部门的列平衡关系为：$R_{ij}^{r}+p_{ij}^{r}+W_{ij}^{r}=Y_{j}^{r}$，表示资源部门、生产部门和资源恢复部门为资源部门提供的物质量总和等于资源部门的物质投入总量。

生产部门的列平衡关系为：$R_{ij}^{p}+p_{ij}^{p}+W_{ij}^{P}=Y_{j}^{p}$，表示资源部门、生产部门和资源恢复部门为生产部门提供的物质量总和等于生产部门的物质投入总量。

消费部门的列平衡关系为：$R_{i}^{c}+p_{i}^{c}+W_{i}^{c}=Y^{c}$，表示资源部门、生产部门和资源恢复部门为消费部门提供的物质量总和等于消费部门的物质消耗总量。

资源恢复部门的列平衡关系为：$R_{ij}^{w}+p_{ij}^{w}+c_{ij}^{w}+W_{ij}^{w}=Y^{w}$，表示资源部门、生产部门、消费部门和资源恢复部门为资源恢复部门提供的物质量总和等于资源恢复部门的物质投入总量。

（二）"物质×部门"区域的基本平衡关系

"物质×部门"区域的基本平衡关系主要体现在横向上。

物质投入项目的行平衡关系为：$r_{ij}^{r}+r_{ij}^{p}+r_{i}^{c}+r_{i}^{w}=x_{i}^{r}$，表示资源部门、生产部门、消费部门和资源恢复部门消耗的某种物质量（在使用的初次资源中分解得到)等于经济系统该项物质的投入总量。

物质排放项目的行平衡关系为：$w_{ij}^{r}+w_{ij}^{P}+w_{i}^{c}+w_{i}^{w}=x_{i}^{w}$，表示资源部门、生产部门、消费部门和资源恢复部门某类物质的排放量之和等于经济系统该项物质的总排放量。

物质存量净增项目的行平衡关系为：$\Delta s_{ij}^{r}+\Delta s_{ij}^{P}+\Delta s_{i}^{c}+\Delta s_{i}^{w}=x_{i}^{s}$，表示资源部门、生产部门、消费部门和资源恢复部门某项物质的存量净增之和等于经济系统该项物质的存储增量总和。

"物质×部门"区域的列平衡关系由于涉及到各部门对其他部门的物质输出，因此单纯的物质投入量＝物质排放量＋物质存量净增的平衡关系式在部门层面不能直接照搬。

(三)总量平衡关系

循环经济投入产出表中的总量平衡关系主要有：

1. 资源部门、生产部门、消费部门以及资源恢复部门的物质存量净增之和等于经济系统的物质存量净增总量，表示为：

$$\sum_{i}(\Delta R_{i}^{s}+\Delta p_{i}{}^{s})+\Delta c^{s}+\Delta W^{s}=\sum_{i}\sum_{j}\Delta s_{ij}^{r}+\sum_{i}\sum_{j}\Delta s_{ij}^{p}+\sum_{i}\Delta s_{i}^{c}+\sum_{i}\Delta s_{i}^{w}$$
$$=\Delta S$$

2. 资源部门、生产部门、消费部门以及资源恢复部门的物质使用总量等于这些部门的物质投入总量，表示为：

$$\sum_{i}(X_{i}^{r}+X_{i}^{p})+X^{c}+X^{w}=\sum_{j}(Y_{j}^{r}+Y_{j}^{p})+Y^{c}+Y^{w}=M$$

3. 资源部门为各部门提供的初始资源总量等于经济系统各项物质的投入总和，表示为：

$$\sum_{i}\sum_{j}(R_{ij}^{r}+R_{ij}^{p}+R_{i}^{c}+R_{ij}^{w})=\sum_{i}\sum_{j}(r_{ij}^{r}+r_{ij}^{p}+r_{i}^{c}+r_{i}^{w})$$

二、国家层面循环经济投入产出表中各项综合分析系数的计算

在循环经济投入产出表各项基本平衡关系的基础上，下面主要探讨循环经济投入产出表各项综合分析系数的计算问题，希望通过对各项分析系数的研究，综合反映各个部门对资源环境的利用程度以及形成的压力。

（一）资源消耗系数

传统投入产出分析中的直接消耗系数是指某部门生产单位产品对另一部门产品的直接消耗量，反映两个部门之间的直接依存关系。在直接消耗系数的基础上还可以计算完全消耗系数，用以反映部门间的完全依存关系，完全消耗系数是某部门生产单位最终产品对另一部门中间产品的完全消耗量，即不仅包括直接消耗，还包括各种间接消耗。对于循环经济投入产出分析表来讲，相关消耗系数的计算也非常重要，可以据此反映物质在经济系统内部的使用情况。

循环经济投入产出分析中的资源消耗系数类似于传统投入产出分析中的直接消耗系数，在“部门×部门”区域内可定义为在一定技术条件下某部门物质总投入中来自另一部门物质量的比重。表 7－2－2 给出了部门间资源消耗系数的具体计算方法。

表 7－2－2　部门间资源消耗系数计算表

		资源部门	生产部门	消费部门	资源恢复部门
		$1,2,\cdots,n$	$1,2,\cdots,m$	1	1
资源部门	1 2 ⋮ n	$A^{rr}=(a^{rr}_{ij})$ $a^{rr}_{ij}=R^{r}_{ij}/Y^{r}_{j}$	$A^{rp}=(a^{rp}_{ij})$ $a^{rp}_{ij}=R^{p}_{ij}/Y^{p}_{j}$	$A^{rc}=(a^{rc}_{ij})$ $a^{rc}_{ij}=R^{c}_{i}/Y^{c}$	$A^{rw}=(a^{rw}_{ij})$ $a^{rw}_{ij}=R^{w}_{ij}/Y^{w}$
生产部门	1 2 ⋮ m	$A^{pr}=(a^{pr}_{ij})$ $a^{pr}_{ij}=p^{r}_{ij}/Y^{r}_{j}$	$A^{pp}=(a^{pp}_{ij})$ $a^{pp}_{ij}=p^{p}_{ij}/Y^{p}_{j}$	$A^{pc}=(a^{pc}_{ij})$ $a^{pc}_{ij}=p^{c}_{i}/Y^{c}$	$A^{pw}=(a^{pw}_{ij})$ $a^{pw}_{ij}=p^{w}_{ij}/Y^{w}$
消费部门	1	0	0	0	$A^{cw}=(a^{cw}_{ij})$ $a^{cw}_{ij}=c^{w}_{ij}/Y^{w}$
资源恢复部门	1	$A^{wr}=(a^{wr}_{ij})$ $a^{wr}_{ij}=W^{r}_{ij}/Y^{r}_{j}$	$A^{wp}=(a^{wp}_{ij})$ $a^{wp}_{ij}=W^{p}_{ij}/Y^{p}_{j}$	$A^{wc}=(a^{wc}_{ij})$ $a^{wc}_{ij}=W^{c}_{i}/Y^{c}$	$A^{ww}=(a^{ww}_{ij})$ $a^{ww}_{ij}=W^{w}_{ij}/Y^{w}$

如表 7－2－2 所示，A^{rr} 表示资源部门对资源部门物质的资源消耗系数矩阵，矩阵 A^{rr} 中元素 a_{ij}^{rr} 表示第 j 个资源部门物质总投入中第 i 个资源部门的物质消耗所占的比重。A^{pr}、A^{wr} 分别表示资源部门对生产部门、资源恢复部门物质的资源消耗系数矩阵，a_{ij}^{pr}、a_{ij}^{wr} 相应地为第 j 个资源部门物质总投入中第 i 个生产部门、资源恢复部门的物质消耗所占的比重。同理，对生产部门来说，A^{rp}、A^{pp}、A^{wp} 分别表示生产部门对资源部门、生产部门、资源恢复部门物质的资源消耗系数矩阵。对消费部门来说，A^{rc}、A^{pc}、A^{wc} 分别表示消费部门对资源部门、生产部门、资源恢复部门物质的资源消耗系数矩阵。对资源恢复部门来说，A^{rw}、A^{pw}、A^{cw}、A^{ww} 分别表示资源恢复部门对资源部门、生产部门、消费部门、资源恢复部门物质的资源消耗系数矩阵。对于生产部门内部和资源部门与生产部门之间的资源消耗系数，可按照计算完全消耗系数的思想做进一步的分析和研究。

在设定资源消耗系数的基础上，循环经济投入产出表"部门×部门"区域的分析模型可表示为：

$$\begin{pmatrix} A^{rr} & A^{rp} & A^{rc} & A^{rw} \\ A^{pr} & A^{pp} & A^{pc} & A^{pw} \\ 0 & 0 & 0 & A^{cw} \\ A^{wr} & A^{wp} & A^{wc} & A^{ww} \end{pmatrix} \begin{pmatrix} Y_j^r \\ Y_j^p \\ Y^c \\ Y^w \end{pmatrix} + \begin{pmatrix} \Delta R_i^s \\ \Delta p_i^s \\ \Delta c^s \\ \Delta W^s \end{pmatrix} + \begin{pmatrix} N_i^r \\ N_i^p \\ N^c \\ N^w \end{pmatrix} = \begin{pmatrix} X_i^r \\ X_i^p \\ X^c \\ X^w \end{pmatrix}$$

（二）再生资源利用系数

循环经济投入产出表部门分类中的资源恢复部门的主要功能是将回收利用的废弃物经过加工处理后形成可以直接用于生产和消费等过程的物质资源。这样，资源恢复部门提供给各部门使用的再生资源量占各部门物质总投入的比重，可以定义为再生资源利用系数，用以描述各部门物质投入中再生资源的利用情况，在一定程度上可以反映该部门循环经济的发展水平和程度。按照上述定义，资源部门、生产部门、消费部门和资源恢复部门的再生资源利用系数分别用 $\beta_j{}^r$、$\beta_j{}^p$、β^c、和 β^w 表示，其中 $\beta_j{}^r=W_{ij}{}^r/Y_j{}^r$，$\beta_j{}^p=W_{ij}{}^p/Y_j{}^p$，$\beta^c=W_i{}^c/Y^c$，$\beta^w=W_{ij}{}^w/Y^w$。

（三）废物排放系数

废物排放系数是各部门的废物排放量与其物质使用总量的比重，用以反映各部门对自然环境的影响程度，用$\delta_j{}^r$、$\delta_j{}^p$、δ^c和δ^w分别表示资源部门、生产部门、消费部门和资源恢复部门的废物排放系数，其中$\delta_j{}^r=\sum\limits_f w_{ij}^r/Y_j^r$，$\delta_j{}^p=\sum\limits_f w_{ij}^p/Y_j^p$，$\delta^c=\sum\limits_f w_i^c/Y^c$，$\delta^w=\sum\limits_f w_i^w/Y^w$。需要说明的是，这里涉及的废物排放主要是指循环经济投入产出表中物质排放大项中列出的废弃物及污染排放和耗散性使用和损失两项之和，用$\sum\limits_f w_{ij}$表示对各部门的废弃物及污染排放和耗散性使用和损失求和。

（四）废弃物回收利用系数

废弃物回收利用系数是各部门的废弃物及污染排放中回收利用部分所占的比重，用以考察各部门的废弃物回收利用情况。用$\phi_j{}^r$、$\phi_j{}^p$、ϕ^c和ϕ^w分别表示资源部门、生产部门、消费部门和资源恢复部门的废弃物回收利用系数，$\phi_j{}^r=w_{hj}^r/\sum\limits_e w_{ij}^r$，$\phi_j{}^p=w_{hj}^p/\sum\limits_e w_{ij}^p$，$\phi^c=w_{hj}^c/\sum\limits_e w_i^c$，$\phi^w=w_{hj}^w/\sum\limits_e w_i^w$。其中$\sum\limits_e w_{ij}$表示对各部门的废弃物及污染排放项求和，$w_{hj}^r$，$w_{hj}^p$，$w_{hj}^c$，$w_{hj}^w$分别表示各部门的废弃物回收利用量。

第四节　国家层面循环经济投入产出分析的特点及应用探讨

以上构建了国家层面循环经济投入产出表的基本表式，并介绍了其可能提供的各项基本分析功能，下面将对构建的循环经济投入产出分析框架的特点和应用前景进行必要的分析。

一、循环经济投入产出分析的特点

循环经济投入产出分析框架与传统的投入产出分析框架相比，无论在部门分类、相关假定、基本表式还是在分析功能方面，都有很大的不同，造成这些不同的根本原因在于两者构建思想上的巨大差异。传统的投入产出分析框架是以一般均衡理论①为基础，以供求平衡为前提条件，重点分析产品

① 一般均衡理论是1874年法国经济学家瓦尔拉斯在他的《纯粹经济学要义》中创立的，后经帕累托、希克斯、诺伊曼、萨缪尔森、阿罗、德步鲁及麦肯齐等人加以改进和发展。一般均衡理论认为各种经济活动都可以表现为数量关系，它们相互作用、相互影响，并在一定条件下达到均衡。

(部门)的结构和相互联系。通过对产品的分类以及将同类企业归并为部门,大幅削减变量和方程的个数,使其成为可以求解计算的应用模型。特别是由于包含了中间产品并赋予它在模型中的中枢作用,形成了投入产出分析完整的技术经济联系。循环经济投入产出分析框架虽然借鉴了传统投入产出分析的一般模式,但构建的主要目的在于清晰地反映经济系统内部的物质流动情况,因此以物质在经济系统内的流动路径为基础设置部门分类、物质分类和基本表式,相关分析功能也围绕物质资源的直接使用、排放和循环利用情况展开。应该说,循环经济投入产出分析有效地反映了循环经济下经济系统中的物质流动关系,是投入产出分析技术在循环经济领域的崭新利用,提供了循环经济分析的新视角。

另外,循环经济投入产出分析框架与现有的资源环境投入产出分析框架相比,也有着非常明显的差别。目前,由于资源环境问题的日益突出,国内外学者提出了利用投入产出分析技术反映资源利用和环境保护的若干基本思路,可概括为两种主要方式①。第一种方式是在传统投入产出表的基础上附加行和列,反映经济系统资源利用和污染物排放的基本情况,见表 7-4-1。第二种方式是在传统投入产出表原有部门分类的基础上添加资源、污染消除等部门,在行方向上,用资源部门、污染部门反映资源投入和污染物排放的流量,在列方向上,用资源部门、污染消除部门表示与资源环境有关的生产活动的投入,见表7-4-2。

表 7-4-1 资源环境投入产出表基本表式 1

		中间产品	最终产品	总产品
		1,2,…,n		
中间产品	1 2 ⋮ n	X_{ij}(第Ⅰ象限)	Y_i(第Ⅱ象限)	X_i
最初投入		N_j(第Ⅲ象限)	(第Ⅳ象限)	
总投入		X_j		

① 高敏雪等主编.资源环境统计[M].北京:中国统计出版社.2004:292—294.

续表

		中间产品 1,2,…,n	最终产品	总产品
资源投入	1 2 ⋮ m	各部门各类资源投入量	最终需求领域各类资源投入量	资源投入总量
污染物排放	1 2 ⋮ k	各部门各类污染排放量	最终需求领域各类污染物排放量	污染物排放总量

表 7—4—2　资源环境投入产出表基本表式 2

		一般部门 1,2,…,k	资源部门 k+1,…,k+m	污染消除部门 k+m+1,…,k+m+l	最终需求	总产品
一般部门	1 2 ⋮ k	一般部门之间的中间产品流量	资源部门中间投入	污染消除部门中间投入	最终产品	总产品
资源部门	k+1 … … k+m	一般部门资源投入量	资源部门资源投入量	污染消除部门资源投入量	最终需求领域的资源投入量	资源投入总量
污染部门	k+m+1 … … k+m+l	一般部门污染排放量	资源部门污染排放量	污染消除部门污染物排放量	最终需求领域的污染排放量	污染物排放总量

以上两种基本表式虽然不能囊括资源环境投入产出分析相关研究成果的全部，但是是对目前资源环境投入产出分析基本研究思路进行的综合概括。第一种思路通过对一般投入产出表的延伸来将资源环境因素引入经济

系统之中，第二种思路则将资源环境因素在投入产出表表内进行反映。与资源环境投入产出分析相比，循环经济投入产出分析具有的特点可归纳为以下几点：

第一，循环经济投入产出分析框架虽然也关注资源环境问题，但中心是刻画物质在经济系统内的流动情况，通过对经济系统内部物质流动情况的分析，认识循环经济的发展情况以及各部门对资源环境造成的影响和压力。

第二，从部门分类来看，循环经济投入产出分析从物质提供和使用的角度将经济系统划分为资源部门、生产部门、消费部门和资源恢复部门，从而便于研究各部门之间的物质流动情况。另外，将物质投入、物质排放和物质存量项目纳入循环经济投入产出表，形成“物质×部门”的分析区域，研究不同部门的物质流动情况。而资源环境投入产出分析多是在传统投入产出分析部门分类的基础上添加资源、污染消除等部门，通过资源、污染消除等部门的设置，反映经济活动过程的资源投入和污染排放及消除过程，部门设立的目的与循环经济投入产出分析有很大的不同。

第三，循环经济投入产出分析对传统投入产出分析的突破更大，不再区分中间产品和最终产品、中间投入和最终投入，只考虑各部门物质的投入和使用总量，相关分析模型的研究思路也较传统投入产出分析以及资源环境投入产出分析有很大的不同。并且特别关注再生资源的使用和废弃物的排放和回收，从而将经济系统的物质循环利用过程在投入产出分析框架中反映出来，这是资源环境投入产出分析中少有涉及的内容。

第四，循环经济投入产出分析还考虑了经济系统的隐藏流影响，通过对隐藏流的分析可以反映经济系统物质使用的环境影响，这是循环经济投入产出分析的突出特色之一。另外，由于采用物质质量的统一计量单位，相关分析较容易展开。而现有的资源环境投入产出分析大多仍是在传统投入产出分析的基础上纳入资源环境因素，保有了传统投入产出分析的基本平衡关系和分析模型，多采用价值量和实物量结合的计量方式，使投入产出分析的列平衡关系不复存在。

总之，循环经济投入产出分析由于其特有的研究目的，明显区别于传统的投入产出分析和现有的资源环境投入产出分析，是投入产出分析技术在循环经济领域的突破和发展。

二、循环经济投入产出分析的应用探讨

在完成循环经济投入产出分析框架的理论构建后，下面主要探讨循环经济投入产出分析在实践应用中需要注意的一些问题。

（一）循环经济投入产出表编制的数据基础

数据获取是循环经济投入产出分析在实践应用中面临的最大困难。由于循环经济投入产出分析涉及的部门分类与现有的投入产出分析部门分类具有较大的差异，而且还增加了对物质投入、物质排放以及物质存量各分类细项的考察，又特别关注经济系统中再生资源的投入以及废弃物的回收利用，并采取实物量的核算方式，因此在目前的核算基础上很难展开相关实证测算。

我国现有的投入产出表在编制过程中使用的主要资料来源有：国家统计局核算司编制的《2002 年投入产出调查方案》各调查表式提供的汇总数据，国家统计局编制的《中国统计年鉴》、《中国农村统计年鉴》、《中国劳动统计年鉴》、《工业统计年报》、《建筑业统计年报》、《固定资产投资统计年报》、《房地产开发统计年报》、《劳动统计年报》等核算资料，以及中国人民银行编制的《中国金融年鉴》、财政部编制的《中国财政统计年鉴》、国家税务总局编制的《中国税务年鉴》、教育部编制的《中国教育经费统计年鉴》、卫生部编制的《中国卫生统计年鉴》、交通部编制的《全国交通统计资料汇编》、国家林业局编制的《中国林业统计年鉴》及国家旅游局编制的《中国旅游统计年鉴》等各部委提供的专项资料。由上可见，投入产出分析是一项规模宏大、非常复杂的系统性工作。对于循环经济投入产出分析来说，其数据要求比传统投入产出分析更为复杂，除已有的可利用的实物核算资料外，还需要进一步丰富现有投入产出调查及相关专项调查的内容，从而为循环经济投入产出分析的开展提供必要的数据支持。

首先，我国投入产出调查方案中应增加关于初级资源实物产出和使用的相关调查项目。目前，农、林、渔业产品及其副产品的产量数据，煤炭开采和洗选业、石油和天然气开采业、黑色金属矿采选业、有色金属矿采选业、采盐业、其他非金属矿采选业以及自来水的生产和供应业的实物产量数据都在现有的核算基础上容易获得，只有新增的表土开挖部门需要更为系统的

数据支持。而对于初次资源在各个部门的使用，特别是在消费部门和资源恢复部门的使用，有必要在数据调查中设置相关项目予以反映，为循环经济投入产出分析提供消费中使用的以及废弃物回收利用过程中使用的初级资源数量。其次，关于各部门的再生资源利用、废弃物回收利用，以及物质投入、物质存储、物质排放的细分类数据，在目前的核算中都鲜有涉及，因此需要在基础调查表中予以反映。最后，目前消费领域的数据主要是通过抽样调查的调查方式取得，对于循环经济投入产出分析中消费部门对各部门的资源使用量，物质存储以及再生资源利用、废物排放的相关数据，都需要在家计调查中增加相关的调查内容。

（二）循环经济投入产出分析存在的不足之处

第一，由于循环经济投入产出表关注的核心问题是物质在经济系统内的流动情况，因此无论是部门与部门之间的物质流动，还是物质在部门内投入、存储和排放情况的分析，都是以质量单位计量的，这与循环经济统计核算账户体系使用的单位是一致的。衡量单位的统一化当然有利于相关分析的展开，但必须注意到不同种类物质的使用和排放对资源环境的影响作用大小是有显著差别的，把各种性质不同的物质流量进行加总，必然会掩盖不同物质对资源环境造成的不同影响。一些规模很小的物质流量，如含汞原料的使用可能会带来很大的负面环境影响。因此在循环经济投入产出分析中还应特别关注经济系统内部不同物质的流动特征，应积极开展对资源消耗量高和环境污染严重的重点行业（如钢铁、水泥行业）的循环经济统计核算与分析，同时也要特别重视对国民经济发展非常重要的战略性资源以及对环境危害较大的物质的核算工作，通过对环境影响较大的特定行业或物质的专项分析，有助于分析特定行业或物质的循环经济开展情况，作为总体循环经济投入产出分析的有益补充。

第二，循环经济投入产出分析中涉及的数据估算问题较多，使其在实践应用中开展的难度较大。循环经济投入产出分析中需要估算各部门隐藏流的投入总量，由于我国尚没有着手测算符合我国实际情况的生态包袱系数，循环经济投入产出分析中简单套用其他国家的生态包袱系数将会带来很大的不确定性。另外，对于各部门物质投入、存储以及物质排放的各项细分类数据的获取，在目前的基础数据下，也存在相当程度的估算问题。

第三，前述给出了循环经济投入产出表的基本平衡关系以及其可能提供的各项分析功能，但相关分析都比较简单，在实际应用中，可以考虑运用更为先进的投入产出分析技术进一步挖掘循环经济投入产出表中蕴含的深层次内容。

总之，循环经济投入产出分析框架在反映物质在经济系统内的流动特征方面，具有明显的优势，可作为循环经济统计核算账户体系的有益补充。同时，循环经济投入产出分析也提供了对循环经济实施定量分析的有力工具，必将进一步促进循环经济实践的深入发展。但其在应用中还存在一些不足之处，需要在进一步的研究和实践中不断加以补充和完善。

第八章

相关实证测算

在第六章构建的国家层面循环经济统计核算账户体系以及第七章提出的循环经济投入产出分析框架的基础上，第八章将开始实证测算部分的研究。由于循环经济投入产出表在现有的数据基础上难以编制，第八章主要对循环经济统计核算账户体系涉及的主要指标展开分析，以期反映我国循环经济发展的基本情况并针对存在问题提出相关政策建议。

第一节　我国循环经济统计核算账户体系相关总量指标的实证测算

循环经济统计核算账户体系需要强大的数据支持，以下主要利用了《中国统计年鉴》、《中国能源统计年鉴》、《中国钢铁统计年鉴》、《中国矿业年鉴》及《中国国土资源年鉴》等国家公开出版物上的相关数据资料，对循环经济统计核算账户体系中的直接物质投入账户、国内物质消耗账户、实物贸易平衡账户、国内直接物质排放账户、国内未使用开采账户、隐藏流的贸易平衡账户、存量净增账户、物质需求总量账户和物质消耗总量账户中涉及的主要指标进行了实证测算，核算期为 1995～2006 年。

一、直接物质投入账户相关指标的测算

直接物质投入账户主要用直接物质投入项目衡量一个国家或地区在一定时期内经济系统直接使用的物质量，是国内开采、进口和再生利用物质总量三项之和。在实证分析中，国内开采中的化石燃料项的测算对象主要包括原煤、石油和天然气，对于以体积度量的天然气数据，近似按照天然气的密度 0.75kg/m^3 进行质量折算。矿物原料主要包括矿物、工业原料和建筑材料三项，其中矿物考察了主要金属矿石的开采量和部分非金属矿产资源的开采量，工业原料主要考察了原盐的国内开采量，建筑材料以水泥的国内生产量代替。生物性物质主要考察了农、林、渔业的产量数据，其中木材的密度[①]按 540kg/m^3 计算。进口数据来源于海关统计的各种物质的进口量[②]，再生利用物质总量利用工业固体废弃物综合利用量[③]以及中国物资再生协会、中国再生资源回收利用协会、中国钢铁工业协会、中国有色金属工业协会、中国造纸协会等有关行业协会提供的统计数据综合测算得到，个别年份无法获得的数据以线性插补法估算得到。表 8－1－1 给出了 1995～2006 年我国直接物质投入账户相关项目的指标值，图 8－1－1、图 8－1－2 和图 8－1－3 分别展示了直接物质投入、直接物质投入各构成项目以及国内开采各构成项目在 1995 至 2006 年的基本发展趋势。

如表 8－1－1 和图 8－1－1、图 8－1－2 和图 8－1－3 所示，2006 年我国的直接物质投入达到 81.55 亿吨，其中国内开采量占到直接物质投入总量的 80％左右，国内开采量中又以化石燃料和矿物原料的开采量为重。自 1995 年以来，我国直接物质投入呈现不断上涨的趋势，直接物质投入的年均增长率达 7.65％，2000 年以后的增幅又明显较 2000 年以前有所提高。进口物质量占直接物质投入总量的比重一直在 10％以下，再生利用物质总量占

① 各种木材密度因树种等相关影响因素的不同而有较大差异，变动范围一般在 440—570kg/m^3 之间，平均值为 540kg/m^3。

② 进口物质总量由中国统计年鉴中的进口主要货物数量数据汇总计算得到。

③ 工业固体废弃物综合利用量是指报告期内企业通过回收、加工、循环、交换等方式，从固体废物中提取或者使其转化为可以利用的资源、能源和其他原材料的固体废物量。

表 8—1—1 1995～2006 年直接物质投入账户相关指标测算表

单位:百万吨

年份	国内开采((4)=(1)+(2)+(3))			进口	再生利用物质总量	直接物质投入
	化石燃料项	矿物原料项	生物性物质			
	(1)	(2)	(3)	(5)	(6)	(7)=(4)+(5)+(6)
1995	1524.5	932.8	697.8	236.9	232.5	3624.5
1996	1569.4	960.5	750.5	241.4	266.3	3788.1
1997	1550.8	1006.4	761.1	268.3	300.1	3886.7
1998	1428.5	1031.5	788.3	232.9	333.9	3815.1
1999	1458.9	1096.9	778.4	281.6	357.6	3973.4
2000	1482.4	1147.0	771.7	351.3	333.9	4086.3
2001	1567.7	1302.3	778.4	391.5	357.6	4397.5
2002	1646.5	1459.7	806.4	440.0	374.5	4727.1
2003	1917.9	1763.6	854.6	439.4	560.4	5535.9
2004	2199.0	2070.1	913.1	567.7	678.0	6427.9
2005	2423.3	2460.6	943.3	642.2	769.9	7239.3
2006	2601.7	2910.8	995.5	721.3	926.0	8155.3

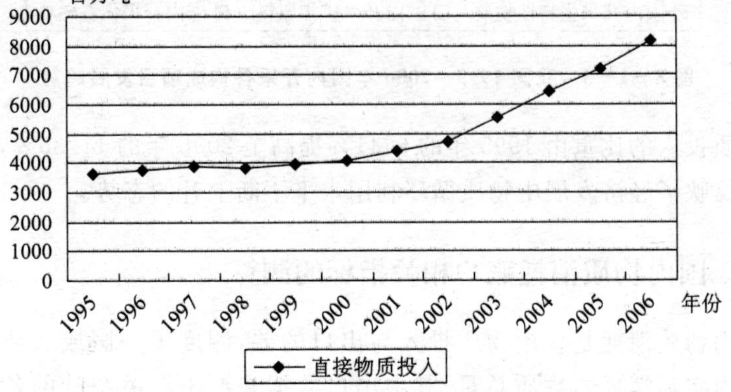

图 8—1—1 我国 1995～2006 年直接物质投入发展趋势

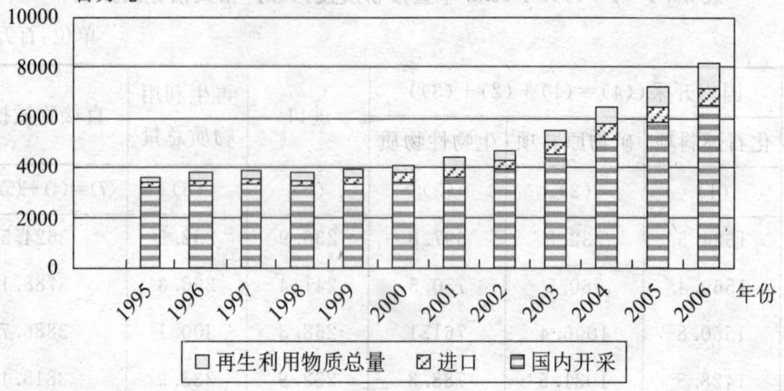

图 8—1—2　我国 1995～2006 年直接物质投入各构成项目发展趋势

图 8—1—3　我国 1995～2006 年国内开采各构成项目发展趋势

直接物质投入的比重由 1995 年的 6.41％提高至 2006 年的 11.35％，在一定程度上反映了经济发展中物质循环利用水平不断上升的态势。

二、国内物质消耗账户相关指标的测算

国内物质消耗是直接物质投入与出口的差，测度了一国或一地区在一定时期内实际消耗的物质总量，其中出口数据来源于海关统计的各种物质出口量，但还不能涵盖出口总量的全部，只对可得数据的部分进行分析。表 8—1—2 给出了 1995～2006 年我国国内物质消耗账户相关项目的指标值，

图 8－1－4 和图 8－1－5 分别展示了直接物质投入、国内物质消耗和出口项目在 1995～2006 年的基本发展趋势。

表 8－1－2 1995～2006 年国内物质消耗账户相关指标测算表

单位：百万吨

年份	直接物质投入	出口	国内物质消耗
	(7)	(8)	(9)＝(7)－(8)
1995	3624.5	94.9	3529.6
1996	3788.1	105.6	3682.5
1997	3886.7	108.6	3778.1
1998	3815.1	97.1	3718.0
1999	3973.4	106.9	3866.5
2000	4086.3	146.7	3939.6
2001	4397.5	151.3	4246.2
2002	4727.1	160.6	4566.5
2003	5535.9	199.7	5336.2
2004	6427.9	186.1	6241.8
2005	7239.3	194.2	7045.1
2006	8155.3	220.5	7934.8

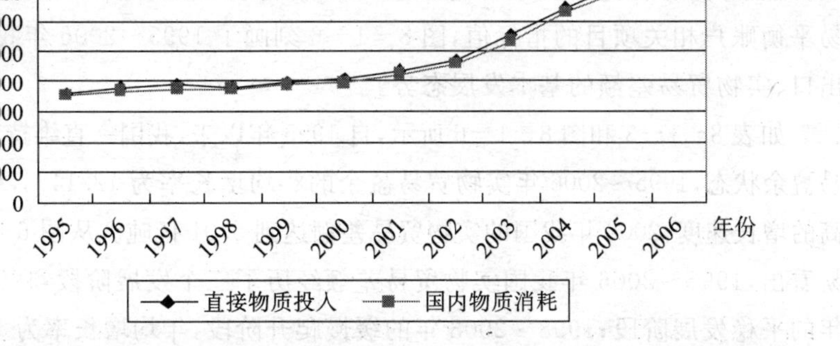

图 8－1－4 我国 1995～2006 年直接物质投入和国内物质消耗项目发展趋势

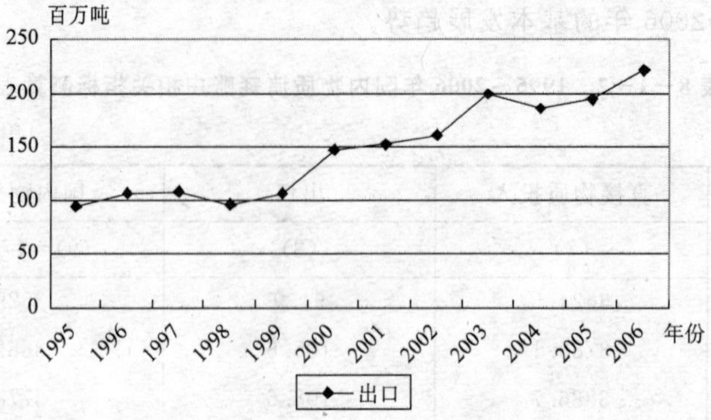

图 8—1—5　我国 1995～2006 年出口项目发展趋势

如表 8—1—2 和图 8—1—4、图 8—1—5 所示，1995～2006 年间国内物质消耗的平均增长率为 7.64％，显示出与直接物质投入相似的发展态势，1995～2000 年呈现比较平缓的发展趋势，2000 年以后增长趋势明显加快，这与我国宏观经济增长的基本态势比较吻合。2006 年我国的国内物质消耗达到 79.35 亿吨。

三、实物贸易平衡账户相关指标的测算

实物贸易平衡账户主要用实物贸易差额来反映一个国家或地区在一定时期内经济系统实物贸易的盈余或赤字情况，实物贸易差额等于进口项目和出口项目之差。实物贸易差额为正，表示经济系统实现了贸易盈余，实物贸易差额为负则为贸易赤字。表 8—1—3 给出了 1995～2006 年我国实物贸易平衡账户相关项目的指标值，图 8—1—6 刻画了 1995～2006 年我国进口、出口、实物贸易差额的基本发展态势。

如表 8—1—3 和图 8—1—6 所示，自 1995 年以来，我国一直维持着实物贸易盈余状态，1995～2006 年实物贸易盈余的年均增长率为 12.14％，维持了较高的增长速度，2006 年我国的实物贸易差额达到 5.01 亿吨。从图 6—1—6 容易看出，1995～2006 年我国实物贸易差额经历了三个发展阶段：1995～1998 年的平稳发展阶段；1998～2003 年的缓慢爬升阶段，年均增长率为 12.03％；2003～2006 年的快速增长阶段，年均增长率为 27.84％。

表 8－1－3　1995～2006 年实物贸易平衡账户相关指标测算表

单位:百万吨

年份	进口	出口	实物贸易差额
	(5)	(8)	(10)＝(5)－(8)
1995	236.9	94.9	142.0
1996	241.4	105.6	135.8
1997	268.3	108.6	159.7
1998	232.9	97.1	135.8
1999	281.6	106.9	174.7
2000	351.3	146.7	204.6
2001	391.5	151.3	240.2
2002	440.0	160.6	279.4
2003	439.4	199.7	239.7
2004	567.7	186.1	381.6
2005	642.2	194.2	448.0
2006	721.3	220.5	500.8

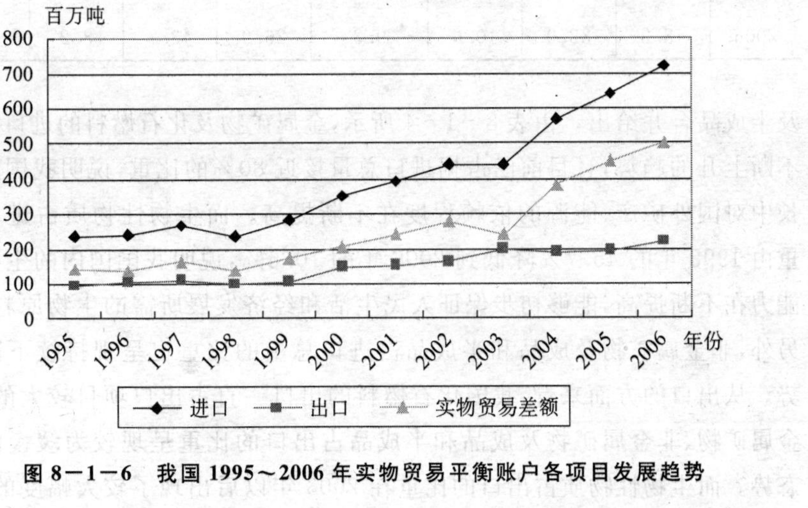

图 8－1－6　我国 1995～2006 年实物贸易平衡账户各项目发展趋势

表 8－1－4 给出了进口和出口的各组成项目在 1995～2006 年的发展情况。进口、出口的实物量统计数据主要来自海关统计的各种主要物质的实物进口、出口量，非金属矿物的进口、出口数据由于难以获取完全，故与成品

表 8－1－4　1995～2006 年进口、出口各构成项目的比重变化　单位：%

年份	进口各项目比重				出口各项目比重			
	金属矿物	化石燃料	生物性物质	非金属矿物及成品和半成品	金属矿物	化石燃料	生物性物质	非金属矿物及成品和半成品
1995	17.7	14.0	45.7	22.7	6.9	47.1	30.8	15.2
1996	18.8	17.3	41.2	22.8	8.5	47.9	29.2	14.4
1997	21.0	22.8	36.9	19.2	8.6	45.3	35.4	10.6
1998	22.9	21.5	34.0	21.5	6.4	48.2	37.1	8.3
1999	20.2	21.0	37.5	21.3	8.3	48.1	33.6	10.0
2000	20.7	25.7	34.9	18.7	14.8	42.1	32.9	10.2
2001	24.4	21.5	33.0	21.0	9.8	46.5	31.5	12.2
2002	26.1	22.9	29.3	21.7	12.4	42.6	32.8	12.2
2003	36.6	31.3	12.9	19.2	8.4	65.7	16.3	9.6
2004	39.4	33.3	12.1	15.2	15.8	64.1	8.4	11.7
2005	45.8	30.4	11.5	12.3	18.2	54.8	11.1	15.9
2006	48.2	32.0	10.6	9.3	26.9	43.7	8.2	21.1

及半成品合并给出。由表 8－1－4 所示，金属矿物及化石燃料的进口量呈现不断上升的趋势，且目前已占据进口总量接近 80%的比重，说明我国经济增长中对国外矿产、能源的依赖程度在不断提高。而生物性物质占进口的比重由 1995 年的 45.7%降低到 2006 年的 10.6%，说明我国国内的生物生产能力在不断提高，能够初步保证人民生活和经济发展所需的生物原料供应。另外，非金属矿物及成品和半成品占进口总量的比重也呈现持续下降的趋势。从出口的方面来看，我国化石燃料的出口一直占出口项目较大的份额，金属矿物、非金属矿物及成品和半成品占出口的比重呈现较为缓慢的增长态势。而生物性物质占出口的比重在 2003 年以后出现了较大幅度的下降，导致大幅下降的可能原因有：一是受国外技术壁垒制约的影响；二是粮食出口缺乏国际竞争力；三是受禽流感等动物疫情的影响尚未消除。值得关注的是，我国生物性物质近几年保持着实物贸易顺差的状态，现在看来这种状

态将持续相当长的一段时间。因为目前我国的耕地面积在不断下降，同时粮食消费量在大幅度增长，而产量的增长是有限的，所以必将使生物性物质进口量大于出口量的态势短时间难以扭转。

需要说明的是，实物贸易差额难以反映对外贸易真实的生态环境代价，因为不同物质对资源环境的影响大小是有较大差异的，因此需要通过计算各种进出口物质造成的生态包袱，对隐藏流贸易平衡账户的相关指标展开深入的分析，以考察我国是否存在生态贸易赤字问题。

四、国内直接物质排放账户相关指标的测算

国内直接物质排放账户主要核算一个国家或地区在一定时期内向自然界排放的废物总量，主要包括各种可回收或不可回收的固体污染物、液体和气体排放物以及各种耗散性损失等。在本书的实证测算中，废弃物与污染排放主要由工业二氧化硫排放量、生活二氧化硫排放量、工业烟尘排放量、生活烟尘排放量、工业粉尘排放量、工业废水中化学需氧量排放量、工业废水中氨氮排放量、生活污水中化学需氧量排放量、生活污水中氨氮排放量以及工业固体废物产生量和生活垃圾清运量数据汇总得到。而耗散性使用与损失中的基础设施腐蚀、风化等数据难以统计，具体核算中只简单用农用化肥施用量代替。国内直接物质排放指标就是废弃物及污染排放与耗散性使用与损失二者之和。表 8－1－5 给出了国内直接物质排放账户相关项目在 1995～2006 年的指标值。图 8－1－7、图 8－1－8 展示了废弃物及污染排放、国内直接物质排放和耗散性使用与损失在 1995～2006 年的发展变化趋势。

如表 8－1－5 和图 8－1－7、图 8－1－8 所示，1995～2006 年我国国内直接物质排放呈现不断上升的趋势，年均增长率为 11.16％，2006 年我国国内直接物质排放总量达到 17.74 亿吨。由于耗散性使用与损失主要用农用化肥施用量代替，各年的使用量都较为稳定，所以国内直接物质排放与废弃物及污染物排放呈现非常相似的发展态势。总的来看，可以划分为三个发展阶段：即 1995～1998 年的快速发展阶段，年均增长速度为 12.36％；1998～2003 年的增速明显放缓阶段，年均增长率为 4.24％；但排放的低速度增长未能较好地保持，2003～2006 年的年均增长速度又达到 12.25％。

表 8－1－5　1995～2006 年国内直接物质排放账户相关指标测算表

单位:百万吨

年份	废弃物及污染排放	耗散性使用与损失	国内直接物质排放
	(11)	(12)	(13)＝(11)＋(12)
1995	517.9	35.9	553.8
1996	666.6	38.3	704.9
1997	815.1	39.8	854.9
1998	978.2	40.8	1019.0
1999	955.3	41.2	996.5
2000	992.1	41.5	1033.6
2001	1077.2	42.5	1119.7
2002	1135.0	43.4	1178.4
2003	1209.8	44.1	1253.9
2004	1412.7	46.4	1459.1
2005	1562.3	47.7	1610.0
2006	1724.4	49.0	1773.4

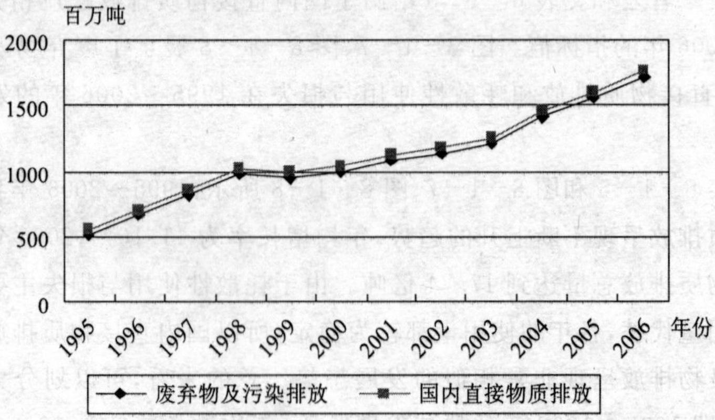

图 8－1－7　我国 1995～2006 年废弃物及污染排放、国内直接物质排放项目发展趋势

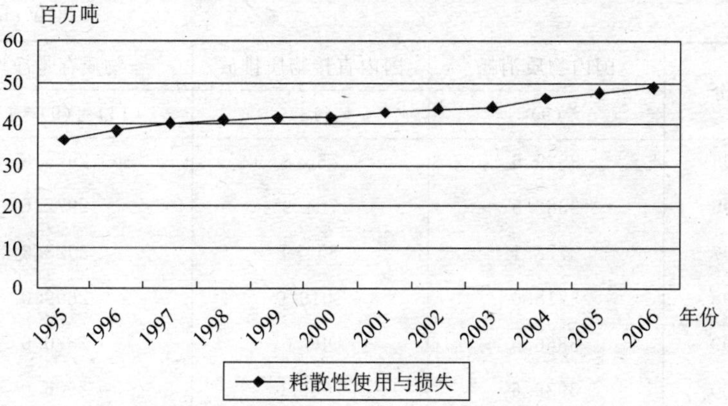

图 8－1－8　我国 1995～2006 年耗散性使用与损失项目发展趋势

五、存量净增账户相关指标的测算

存量净增账户主要用物质存量净增指标来反映一个国家或地区在一定时期内经济系统物质存量的增加情况。依据质量守恒定律，物质存量净增等于国内物质消耗与国内直接物质排放之差。但无论是物质消耗还是物质排放，具体测算中都存在不同程度的估算问题。另外，事实上也不可能实现对经济系统中所有的物质量进行核算，因此本书给出的物质存量净增只是一个大致的估算值。表 8－1－6 给出了存量净增账户相关项目在 1995～2006 年的指标值。图 8－1－9 展示了 1995～2006 年我国国内物质消耗、国内物质排放和物质存量净增项目的基本发展态势。

如表 8－1－6 和图 8－1－9 所示，1995～2006 年我国国内物质存量净增基本呈现不断上升的趋势，年均增长率为 6.84％，2006 年我国国内物质存量净增为 61.61 亿吨。由于国内直接物质排放占国内物质消耗的比重较小，大约为国内物质消耗的 20％左右，因此物质存量净增的发展态势同国内物质消耗的发展态势非常类似，都在 2000 年以后呈现出明显的上扬趋势，即近年来我国经济系统中的物质存量以较快的速度不断增长。由于物质存量中主要以基础设施、建筑、机器设备等为主，因此测算结果也比较符合我国近年来固定资产投资不断增长的现实情况。

表 8－1－6　1995～2006 年存量净增账户相关指标测算表

单位：百万吨

年份	国内物质消耗	国内直接物质排放	物质存量净增
	(9)	(13)	(14)＝(9)－(13)
1995	3529.6	553.8	2975.8
1996	3682.5	704.9	2977.6
1997	3778.1	854.9	2923.2
1998	3718.0	1019.0	2699.0
1999	3866.5	996.5	2870.0
2000	3939.6	1033.6	2906.0
2001	4246.2	1119.7	3126.5
2002	4566.5	1178.4	3388.1
2003	5336.2	1253.9	4082.3
2004	6241.8	1459.1	4782.7
2005	7045.1	1610.0	5435.1
2006	7934.8	1773.4	6161.4

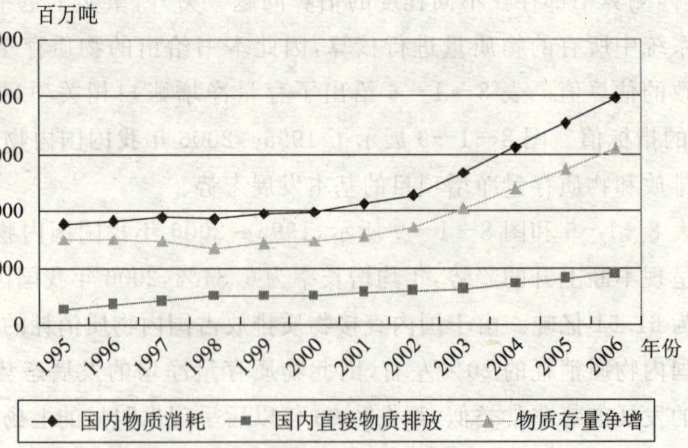

图 8－1－9　我国 1995～2006 年存量净增账户各项目发展趋势

六、国内未使用开采账户相关指标的测算

国内未使用开采账户主要用来核算一个国家或地区在一定时期内为了获得有用物质而必须开采或搬运的物质量，这些物质量虽然并未进入流通领域，却对自然环境产生了巨大的影响。在实证过程中，本书主要对开采能源、矿物导致的未使用开挖量和生物收获的未使用部分，建筑土方及河流疏浚进行了测算。由于我国尚没有关于生态包袱系数的实测数据，在研究中主要采用德国 Wuppertal 研究所提供的全球生态包袱平均比率来估算我国的未使用开采总量，也参考了日本、美国等国测算的隐藏流系数。其中建筑土方及河流疏浚项主要考察了水泥生产量的生态包袱、基础设施建设挖方量以及我国每年的水土流失规模数据。由于没有找到系统的关于每年水土流失量的记载，在测算中以《2005 年中国环境状况公报》显示的我国每年因水土流失而流失的土壤 50 亿吨作为实证测算中各年水土流失的估计量。表 8－1－7 给出了国内未使用开采账户相关项目在 1995～2006 年的指标值。图 8－1－10、图 8－1－11 展示了国内未使用开采量以及国内未使用开采量各构成项目——开采能源、矿物的未使用开挖量、生物收获的未使用部分和建筑土方及河流疏浚在 1995～2006 年的基本发展态势。

如表 8－1－7 和图 8－1－10、图 8－1－11 所示，1995～2006 年国内未使用开采量基本呈现不断增长的态势，年均增长率为 3.85％，只有个别年份出现过微小幅度的下降(2002 年)，2006 年我国国内未使用开采总量达到 573.95 亿吨。从国内未使用开采量的结构来看，建筑土方及河流疏浚一直占国内未使用开采总量约 70％的比重，开采能源的未使用开挖量的比重也较为稳定，约为国内未使用开采总量的 20％左右，开采矿物的未使用开挖量和生物收获的未使用部分所占比重较小。另外，在开采能源的未使用开挖量中占绝大多数比重的是原煤开采引起的生态包袱，这主要因为我国原煤的开采量及其生态包袱系数取值都较大。在国内化石燃料开采总量中，原煤所占的比重一直保持在 90％左右，且原煤开采的生态包袱系数也远远超过原油和天然气的生态包袱系数。在实证测算中，取原煤的生态包袱系数为 6t/t，而原油和天然气的生态包袱分别为 1.22t/t 和 1.66t/t。

表 8-1-7　1995～2006 年国内未使用开采账户相关指标测算表

单位:百万吨

年份	开采能源的未使用开挖量	开采矿物的未使用开挖量	生物收获的未使用部分	建筑土方及河流疏浚	国内未使用开采量
	(15)	(16)	(17)	(18)	(19)=(15)+(16)+(17)+(18)
1995	8371.4	787.2	2233.0	26469.5	37861.1
1996	8599.0	827.5	2401.6	29173.2	41001.3
1997	8462.4	899.2	2435.5	30855.4	42652.5
1998	7725.4	959.9	2522.6	32552.4	43760.3
1999	7906.6	1054.1	2490.9	34300.4	45752.0
2000	8026.7	1138.2	2469.4	35996.4	47630.7
2001	8523.8	1381.5	2490.9	36237.4	48633.6
2002	8974.4	1627.3	2580.5	33197.0	46379.2
2003	10582.5	2012.8	2734.7	33908.9	49238.9
2004	12218.2	2561.5	2921.9	34046.2	51747.8
2005	13512.7	3132.0	3018.6	34810.8	54474.1
2006	14536.3	3777.6	3185.6	35895.3	57394.8

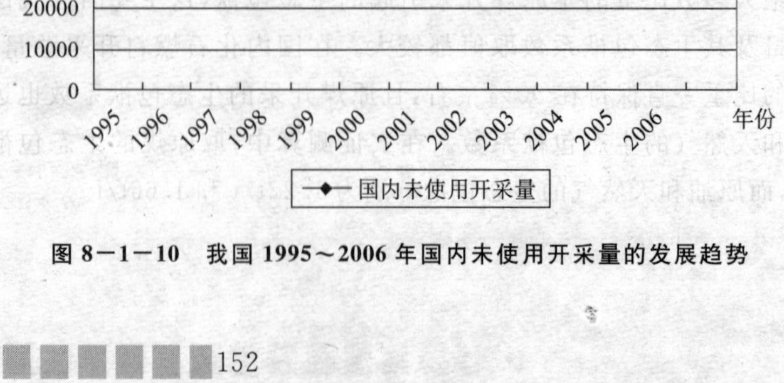

图 8-1-10　我国 1995～2006 年国内未使用开采量的发展趋势

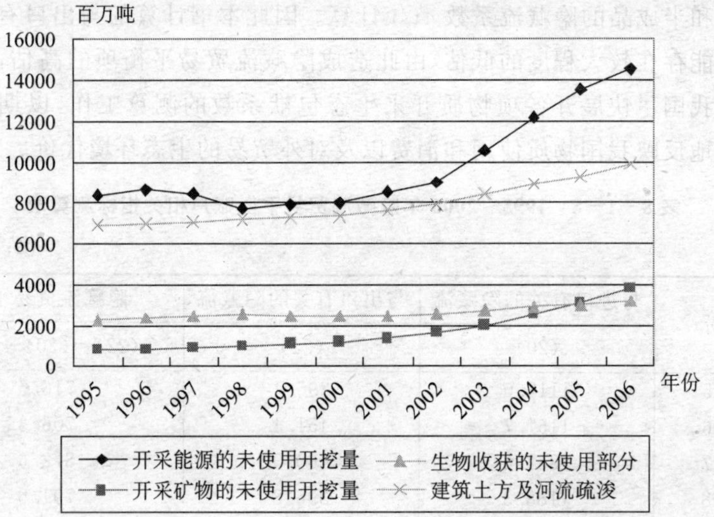

图 8－1－11　我国 1995～2006 年国内未使用开采量各构成项目发展趋势

七、隐藏流的贸易平衡账户相关指标的测算

隐藏流的贸易平衡账户主要用隐藏流贸易平衡项目来测度国际贸易中的环境负担转移。隐藏流贸易平衡是与进口有关的隐藏流和与出口有关的隐藏流二者之差，由于隐藏流衡量了国际贸易中实物产品中蕴含的资源环境代价，因此隐藏流贸易平衡取正值，则表示发生了生态贸易盈余，否则为生态贸易赤字。可见，隐藏流贸易平衡项目从环境保护的角度，有效地衡量了国际贸易中各国的生态环境代价。表 8－1－8 给出了我国 1995～2006 年隐藏流贸易平衡账户相关项目的指标取值，图 8－1－12 展示了我国与进口有关的隐藏流、与出口有关的隐藏流和隐藏流贸易平衡项目在 1995～2006 年的基本发展态势。

需要说明的是，与进口有关的隐藏流和与出口有关的隐藏流都是在海关统计的各种物质的实物进口、出口数据的基础上，根据各种物质的生态包袱平均系数折算得到的，在折算过程中，对进口、出口的物质采取统一的生态包袱系数，但这样的计算并不十分符合实际，因为不同国家各种物质开采的生态包袱系数会有很大的差异，特别是在我国目前的生产方式下，开采物质的生态环境代价远远高于其他发达国家，但由于数据的限制，不可能分国别进行测算。另外，对于出口的成品和半成品均按照世界资源研究所提供的成品和半成品的隐藏流系数 4t/t 计算。因此本书计算的与出口有关的隐藏流可能存在较大程度的低估，由此造成隐藏流贸易平衡项的高估，这也迫切要求我国尽快展开各项物质开采生态包袱系数的测算工作，以期更为真实客观地反映我国物质使用和消费以及对外贸易的生态环境代价。

表 8－1－8　1995～2006 年隐藏流贸易平衡账户相关指标测算表

单位：百万吨

年份	与进口有关的隐藏流	与出口有关的隐藏流	隐藏流贸易平衡
	(20)	(21)	(22)＝(20)－(21)
1995	1112.0	395.4	716.6
1996	1157.7	451.4	706.3
1997	1332.6	460.0	872.6
1998	1188.3	396.8	791.5
1999	1383.8	452.2	931.6
2000	1742.6	678.5	1064.1
2001	2036.3	656.2	1380.1
2002	2345.2	719.6	1625.6
2003	2678.6	873.1	1805.5
2004	3557.7	908.5	2649.2
2005	4273.4	971.8	3301.6
2006	4908.0	1223.8	3684.2

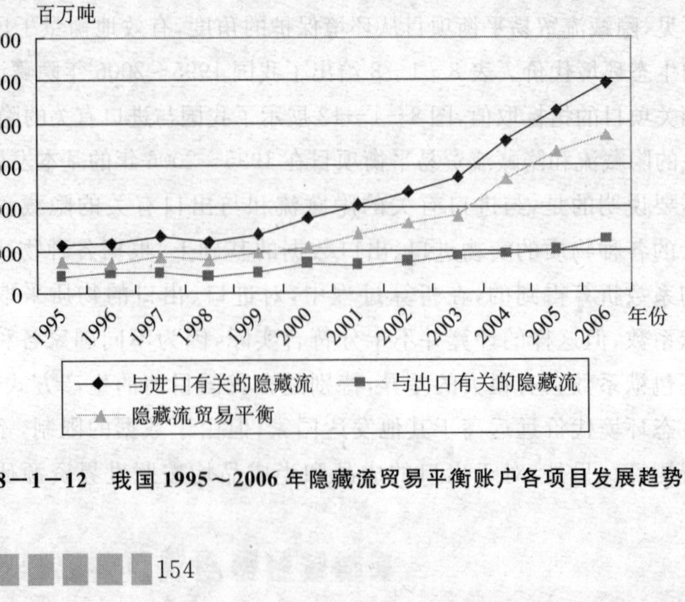

图 8－1－12　我国 1995～2006 年隐藏流贸易平衡账户各项目发展趋势

按目前的数据及计算方法，如表 8－1－8 和图 8－1－12 所示，1995～2006 年我国与进口有关的隐藏流、与出口有关的隐藏流以及隐藏流贸易平衡项目一直呈现快速增长的发展态势，尤其在 1998 年以后，增长速度出现了显著的提高。其中隐藏流贸易平衡项目的年均增长率为 16.05%，并一直为生态贸易盈余状态，2006 年我国的隐藏流贸易平衡达到 36.84 亿吨。之所以出现较大规模的生态贸易盈余，关键问题在于我国各项进出口物质总量上的巨大差异。在对进出口物质按金属矿物、化石燃料、生物性物质和非金属矿物及成品和半成品的分类中，金属矿物和化石燃料的进口物质量在规模上远远大于金属矿物和化石燃料的出口物质量，做同期对比，金属矿物和化石燃料的进口物质量一直是出口物质量的 2 倍左右，近年来还有进一步扩大的趋势，2006 年为 3.71 倍。而金属矿物和化石燃料的开采对生态环境的破坏影响最大，自然其生态包袱系数取值较高，直接导致了我国隐藏流贸易平衡项目的不断增长。但如前所述，由于使用统一的国外权威机构设定的生态包袱平均系数，对我国与出口有关的隐藏流估计不够，这需要在以后的研究中进一步考察符合我国国情的生态包袱系数取值。

八、物质需求总量账户相关指标的测算

物质需求总量账户主要用物质总需求项目来反映一定时期内经济系统的物质总投入。从国家的角度来讲，一国经济系统的物质投入总量包括直接物质投入、国内未使用开采量和与进口有关的隐藏流，也即各项国内开采以及伴随的隐藏流、进口以及伴随的隐藏流和再生资源利用总量之和。表 8－1－9给出了我国 1995～2006 年物质总需求账户相关项目的指标取值，图 8－1－13、图8－1－14 展示了我国物质总需求以及各构成项目在 1995～2006 年的基本发展态势。

如表 8－1－9 和图 8－1－13、图 8－1－14 所示，1995～2006 年我国物质总需求呈现出不断增长的发展趋势，年均增长率为 4.68%，2006 年我国物质需求总量达到 704.58 亿吨。从结构上看，国内未使用开采一直占物质总需求 80%以上的比重，而在国内未使用开采中，建筑土方及河流疏浚的比重约为 70%。不难看出，我国物质总需求受国内基本建设总量的影响最大。实际上，国内未使用开采在很大程度上取决于直接物质投入总量的大小，因

表 8-1-9　1995～2006 年物质需求总量账户相关指标测算表

单位：百万吨

年份	直接物质投入	国内未使用开采	与进口有关的隐藏流	物质总需求
	(7)	(19)	(20)	(23)=(7)+(19)+(20)
1995	3624.5	37861.1	1112.0	42597.6
1996	3788.1	41001.3	1157.7	45947.1
1997	3886.7	42652.5	1332.6	47871.8
1998	3815.1	43760.3	1188.3	48763.7
1999	3973.4	45752.0	1383.8	51109.2
2000	4086.3	47630.7	1742.6	53459.6
2001	4397.5	48633.6	2036.3	55067.4
2002	4727.1	46379.2	2345.2	53451.5
2003	5535.9	49238.9	2678.6	57453.4
2004	6427.9	51747.8	3557.7	61733.4
2005	7239.3	54474.1	4273.4	65986.8
2006	8155.3	57394.8	4908.0	70458.1

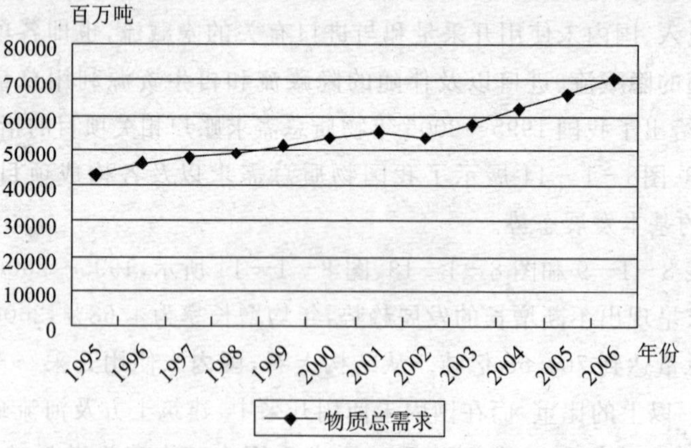

图 8-1-13　我国 1995～2006 年物质总需求的发展趋势

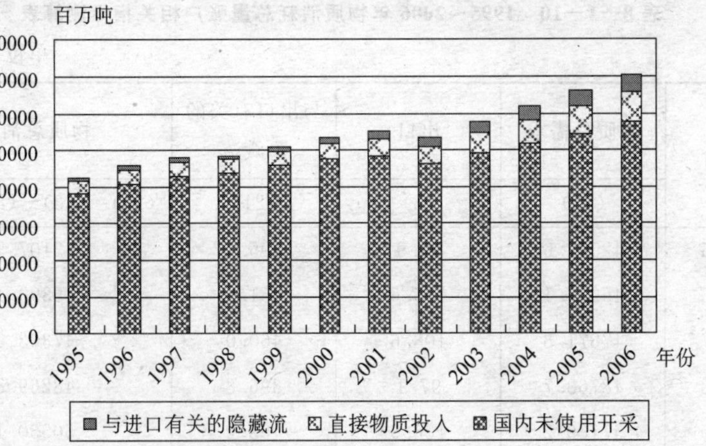

图 8－1－14　我国 1995～2006 年物质总需求各构成项目发展趋势

为国内未使用开采是直接物质投入总量中国内开采的生态包袱。1995～2006 年我国直接物质投入占物质总需求的比重在 10％左右，与进口有关的隐藏流占物质总需求的比重较小，一直在 10％以下。

九、物质消耗总量账户相关指标的测算

物质消耗总量账户主要用物质总消耗指标衡量一个国家或地区的经济系统在一定时期内为维持本国社会经济发展的物质消耗总量，即在物质需求总量中扣除为出口商品而使用的直接物质投入以及伴随的隐藏流投入，体现为本国的社会经济发展而消耗的物质总量。表 8－1－10 给出了我国 1995～2006 年物质消耗总量账户相关项目的指标取值，图 8－1－15、图 8－1－16 展示了我国物质总需求、物质总消耗以及出口、与出口有关的隐藏流在 1995～2006 年的基本发展态势。

如表 8－1－10 和图 8－1－15、图 8－1－16 所示，1995～2006 年我国物质总消耗呈现出不断增长的发展趋势，年均增长率为 4.59％，2006 年我国物质消耗总量达到 690.14 亿吨。相对于物质总需求来讲，出口和与出口有关的隐藏流所占的比重过小，因此物质总消耗同物质总需求的发展趋势基本相同。

表 8－1－10　1995～2006 年物质消耗总量账户相关指标测算表

单位：百万吨

年份	物质总需求	出口	与出口有关的隐藏流	物质总消耗
	(23)	(8)	(21)	(24)＝(23)－(8)－(21)
1995	42597.6	94.9	395.4	42107.3
1996	45947.1	105.6	451.4	45390.1
1997	47871.8	108.6	460.0	47303.2
1998	48763.7	97.1	396.8	48269.8
1999	51109.2	106.9	452.2	50550.1
2000	53459.6	146.7	678.5	52634.4
2001	55067.4	151.3	656.2	54259.9
2002	53451.5	160.6	719.6	52571.3
2003	57453.4	199.7	873.1	56380.6
2004	61733.4	186.1	908.5	60638.8
2005	65986.8	194.2	971.8	64820.8
2006	70458.1	220.5	1223.8	69013.8

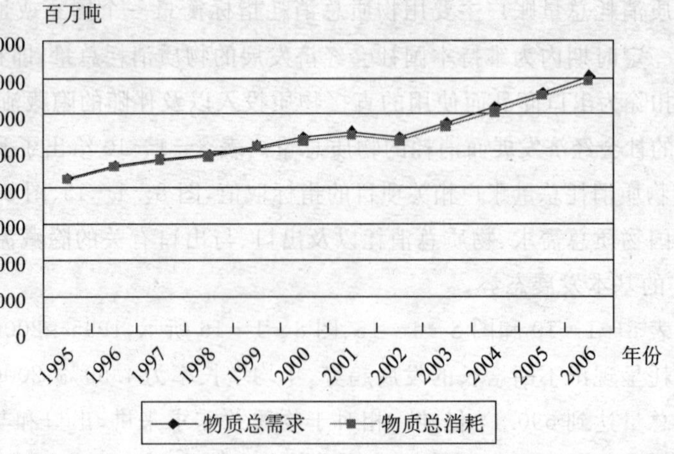

图 8－1－15　我国 1995～2006 年物质总需求、物质总消耗的发展趋势

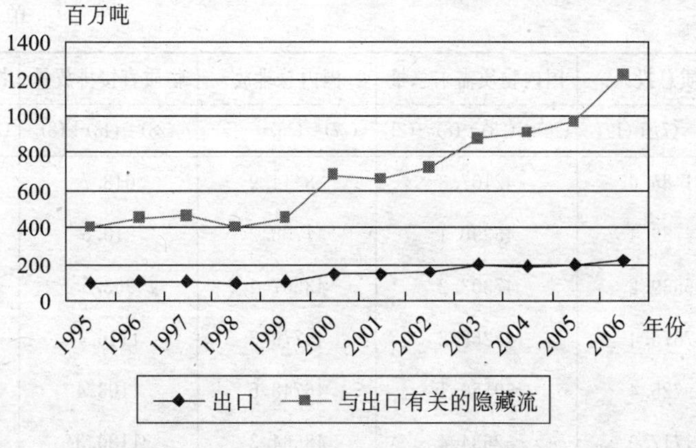

图 8－1－16　我国 1995～2006 年出口、与出口有关的隐藏流的发展趋势

以上对循环经济统计核算账户体系中涉及的各项总量指标进行了系统的实证测算，并进行了简要的分析，但还有一些未能直接在账户体系中出现的指标，如物质总投入、国内物质需求总量、国内总排放、物质直接排放量和物质总排放量，现在表 8－1－11 中予以反映。这里，物质总投入是指进入一国经济系统的物质投入总量，主要包括直接物质投入和国内未使用开采量，将隐藏流也作为经济系统的物质投入看待。国内物质需求总量是从物质最终使用者的角度，反映应用在本国经济系统中的直接物质投入以及伴随的隐藏流总量，即在物质需求总量的基础上扣除出口以及与出口有关的隐藏流，单纯考察一国经济发展对环境造成的总影响。国内总排放是国内直接物质排放和国内未使用开采量的总和，是考虑了隐藏流以后的经济系统向自然环境的总排放量。物质直接排放量是国内直接物质排放和出口的总和，反映排放到本国经济系统以外的，也即排放到自然界以及流向国外的直接物质总量。物质总排放量是国内总排放和出口的总和，是在考虑了隐藏流影响后的排放到本国经济系统外的物质总量。

如表 8－1－11 所示，物质总投入在 1995～2000 年呈现不断增长的发展趋势，年均增长率为 4.25％，2006 年我国经济系统的物质总投入为 655.50 亿吨。由于出口以及与出口有关的隐藏流相对于物质需求总量来讲规模很小，因此国内物质需求总量与物质需求总量呈现出相似的发展态势。国内

表 8－1－11　1995～2006 年循环经济统计核算账户体系其他总量指标测算表

单位:百万吨

年份	物质总投入	国内物质需求总量	国内总排放	物质直接排放量	物质总排放量
	(25)=(7)+(19)	(26)=(23)-(8)-(21)	(27)=(13)+(19)	(28)=(13)+(8)	(29)=(27)+(8)
1995	41485.6	42107.3	38414.9	648.7	38509.8
1996	44789.4	45390.1	41706.2	810.5	41811.8
1997	46539.2	47303.2	43507.4	963.5	43616.0
1998	47575.4	48269.8	44779.3	1116.1	44876.4
1999	49725.4	50550.1	46748.5	1103.4	46855.4
2000	51717.0	52634.4	48664.3	1180.3	48811.0
2001	53031.1	54259.9	49753.3	1271.0	49904.6
2002	51106.3	52571.3	47557.6	1339.0	47718.2
2003	54774.8	56380.6	50492.8	1453.6	50692.5
2004	58175.7	60638.8	53206.9	1645.2	53393.0
2005	61713.4	64820.8	56084.1	1804.2	56278.3
2006	65550.1	69013.8	59168.2	1993.9	59388.7

总排放和物质直接排放量都是考虑了隐藏流影响的物质排放类指标，是衡量社会经济发展对资源环境影响的重要指标，区别在于是否将出口作为经济系统对外的排放项看待。由于出口项目的规模较小，因此物质总排放与国内总排放的发展趋势非常接近，都是在 2000 年以后有明显的增长，而 2000 年之前发展较为稳定，年平均增长速度约为 5%，2006 年物质总排放量达到 593.89 亿吨，国内总排放为 591.68 亿吨。值得注意的是，由于物质总投入、国内物质需求总量、国内总排放、物质总排放量中均包含国内未使用开采，而国内未使用开采因为规模很大，在上述指标中占有相当大的比重，因此使这些指标的发展态势非常接近。另外，物质直接排放量是没有考虑隐藏流影响但将出口作为经济系统排出项目的直接物质排放类指标，其在 1995～2006 年间呈现较快的增长态势，年平均增长速度为 10.75%，与国内直接物质排放的发展态势较为相似。

第二节　我国循环经济统计核算账户体系衍生指标分析

第一节对我国1995～2006年循环经济统计核算账户体系各核算账户涉及的总量指标进行了较为系统的实证测算，相关分析有利于认识我国社会经济系统的物质投入、物质排放及物质存储等基本情况，综合反映经济活动对资源环境造成的总影响，在总量变化的分析中反映我国循环经济的发展情况。但必须注意的是，经济系统的物质投入、物质排放等总量的变化既和循环经济的发展水平和程度紧密相关，同时也和人口总量、经济发展总量等宏观指标有着密不可分的关系，因此需要从效率和强度的角度出发，考察第一节测算的若干关键总量指标与各项宏观总量指标结合得到的衍生指标，从而更加客观的反映循环经济的发展水平和程度。

一、物质投入角度

物质投入类指标与现有的宏观总量指标结合产生的衍生指标主要包括物质使用效率指标和物质使用强度指标。

（一）物质使用效率

物质使用效率指标主要用来反映单位物质投入创造的经济价值，第六章给出的物质使用效率指标有GDP/直接物质投入、GDP/物质总投入、GDP/物质需求总量和GDP/国内物质需求总量。由于隐藏流的估计有很大的不确定性，因此以上指标中GDP/直接物质投入的分析意义最为明显。表8－2－1给出了各项物质使用效率指标在1995～2006年的取值情况，图8－2－1和图8－2－2分别展示了GDP/直接物质投入和GDP/物质总投入、GDP/物质需求总量及GDP/国内物质需求总量在1995～2006年的基本发展态势。需要说明的是，为消除价格因素的影响，计算中使用的是按照2000年不变价计算的GDP序列。

如表8－2－1和图8－2－1所示，直接物质投入使用效率（即GDP/直接物质投入）在1995～2002年一直呈现较为稳定的增长态势，年均增长速度为4.60％。但在2002年后出现了一定程度的下降，年均下降3.66％。2006年我国直接物质投入使用效率为2135.7元/吨，按2000年的平均汇率折算

表 8－2－1　1995～2006 年循环经济统计核算物质使用效率指标测算表

单位：元/吨

年份	GDP/直接物质投入	GDP/物质总投入	GDP/物质需求总量	GDP/国内物质需求总量
1995	1809.4	158.1	154.0	155.7
1996	1904.6	161.1	157.0	159.0
1997	2028.6	169.4	164.7	166.7
1998	2228.6	178.7	174.4	176.1
1999	2303.1	184.0	179.1	181.0
2000	2428.0	191.8	185.6	188.5
2001	2443.5	202.6	195.1	198.0
2002	2479.7	229.4	219.3	223.0
2003	2329.7	235.5	224.5	228.7
2004	2208.7	244.0	230.0	234.1
2005	2165.7	254.0	237.6	241.9
2006	2135.7	265.7	247.2	252.4

图 8－2－1　我国 1995～2006 年直接物质投入使用效率的发展趋势

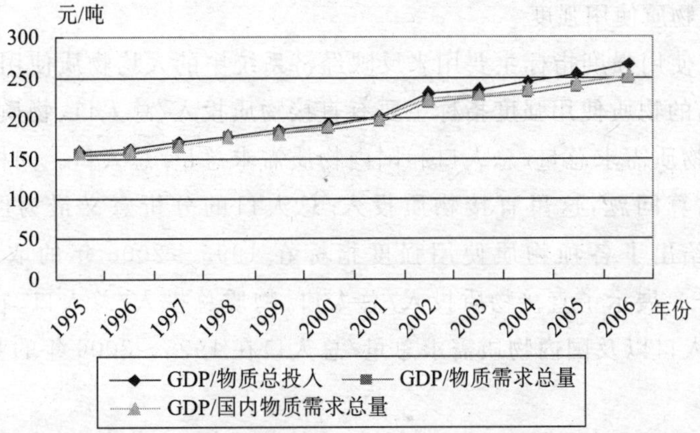

图 8—2—2 我国 1995～2006 年物质总投入等使用效率的发展趋势

为 257.93 美元/吨。对比世界其他国家 1996 年的相关数据，我国 2006 年的直接物质投入使用效率是 1996 年英国的 17.05%，日本的 11.44%，德国的 19.64%，奥地利的 18.94%，荷兰的 27.18%[①②]。可见，我国直接物质投入使用效率还处于非常低的水平，主要原因在于我国产业结构偏重型化，资源消耗强度高但产出率低，资源利用技术效率以及再生资源回收和循环利用率不高。这些都需要我们在循环经济的发展过程中，全面依靠科技进步，通过研究、开发和利用先进的高新技术，实现资源的高效利用和循环利用，构建节约型的产业结构和消费结构，将经济社会活动对自然资源的需求和环境的影响降到最低程度。

如表 8—2—1 和图 8—2—2 所示，GDP/物质总投入、GDP/物质需求总量及 GDP/国内物质需求总量在 1995～2000 年一直保持着明显的上升态势，且发展趋势十分相似，年平均增速为 4.5%左右。说明我国考虑了隐藏流影响的物质投入使用效率在不断提高，但相对我国这一阶段较高的经济增长速度，物质投入使用效率的增长速度还较为缓慢，需要在经济生产和生

① European communities, Material use indicators for the European Union: 1980—1997[M], Luxembourg: Office for Official Publications of the European Communites, German, 2001:16—54.

② 各国 GDP 均为 2000 年不变价计算。

活中进一步提高各种资源的利用效率，贯彻减量化原则。

（二）物质使用强度

物质使用强度指标主要用来反映经济系统中的人均物质使用水平，第六章给出的物质使用强度指标主要有直接物质投入/总人口、物质总投入/总人口、物质需求总量/总人口和国内物质需求总量/总人口。同样由于隐藏流的估算问题，这里直接物质投入/总人口的分析意义最为明显。表8－2－2给出了各项物质使用强度指标在 1995～2006 年的取值情况，图 8－2－3 展示了直接物质投入/总人口、物质总投入/总人口、物质需求总量/总人口以及国内物质需求总量/总人口在 1995～2006 年的基本发展态势。

如表 8－2－2 和图 8－2－3 所示，直接物质投入/总人口、物质总投入/总人口、物质需求总量/总人口以及国内物质需求总量/总人口等物质使用强度指标在 1995～2006 年除个别年份外，一直呈现较为稳定的增长态势。直接物质投入使用强度的年均增长率约为 6.82%，物质总投入、物质需求总量及国内物质需求总量使用强度的年均增长率约为 3.8%。我国直接物质投入使用强度在 2006 年为 6.2 吨/人，对比世界其他国家，2000 年美国的直接物质投入使用强度为 85 吨/人，英国为 41 吨/人，德国为 72 吨/人，意大利为 40 吨/人，日本为 45 吨/人[①]。各发达国家之所以保持较高的直接物质投入使用强度，主要是由其经济发展程度和居民较高的生活水平决定的，当然这些国家直接物质投入中相当一部分是依赖进口的。如 2000 年我国进口物质占直接物质投入的比重约为 8.6%，而同年美国为 10%，英国为 23.5%，日本为 33.3%，意大利为 39.0%。另外，如果以人均物质利用数量来反映经济发展程度和富裕程度，要达到发达国家的经济和生活水平，我国的资源投入还将快速增长。但我国的人口基数过大，资源十分有限，目前的生态环境已经非常脆弱，因此紧迫要求我们加大资源利用及循环利用效率，提高直接物质投入中再生物质总量所占的份额，并考虑如何更好的利用其他国家的优质资源，坚持走资源节约型的循环经济发展道路。

① 杨建锋．我国地质环境与社会经济的物质流分析[J]．自然资源学报，2008，23(4)：553－559.

表 8－2－2 1995～2006 年循环经济统计核算物质使用强度指标测算表

单位：吨/人

年份	直接物质投入/总人口	物质总投入/总人口	物质需求总量/总人口	国内物质需求总量/总人口
1995	3.0	34.3	35.2	34.8
1996	3.1	36.6	37.5	37.1
1997	3.1	37.6	38.7	38.3
1998	3.1	38.1	39.1	38.7
1999	3.2	39.5	40.6	40.2
2000	3.2	40.8	42.2	41.5
2001	3.4	41.6	43.1	42.5
2002	3.7	39.8	41.6	40.9
2003	4.3	42.4	44.5	43.6
2004	4.9	44.8	47.5	46.6
2005	5.5	47.2	50.5	49.6
2006	6.2	49.9	53.6	52.5

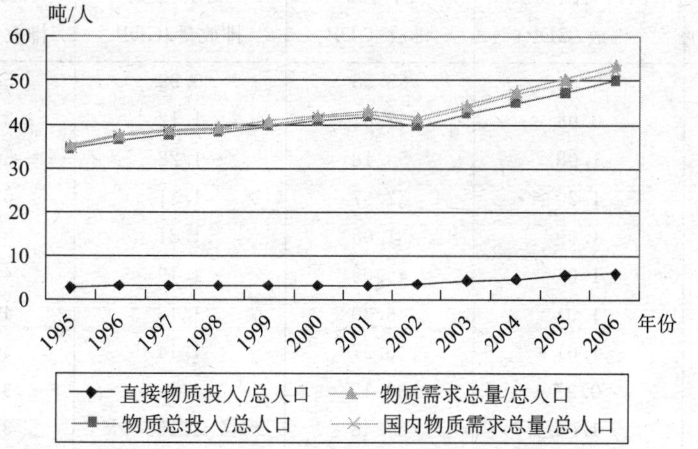

图 8－2－3 我国 1995～2006 年物质使用强度各项指标发展趋势

二、物质排放角度

物质排放类指标与现有的宏观总量指标结合产生的衍生指标主要包括国内直接物质排放/GDP(人口)、国内总排放/ GDP(人口)、物质直接排放量/ GDP(人口)和物质总排放量/GDP(人口),主要用来反映单位 GDP(人均)的物质排放强度。表 8－2－3 和表 8－2－4 分别给出 1995～2006 年我国各项单位 GDP 物质排放量指标和人均物质排放量指标的取值情况,图 8－2－4、图 8－2－5 和图 8－2－6、图 8－2－7 分别给出各项单位 GDP 物质排放量指标和人均物质排放量指标在 1995～2006 年的基本发展态势。

如表 8－2－3 和图 8－2－4、图 8－2－5 所示,国内直接物质排放/GDP 和物质直接排放量/GDP 在 1995～2006 年呈现相似的发展态势,均在 1995～1998 年出现了明显的上升趋势,其后在 1998～2003 年保持了下降的基本趋势,而在 2003 后的降速明显放缓。国内总排放/GDP 和物质总排放量/GDP 在 1995～2006 年的发展轨迹也非常相似,一直呈现不断下降的趋势,平均下降速度约为 4.83%。

表 8－2－3　1995～2006 年循环经济统计核算物质排放强度指标测算表 1

单位:吨/万元

年份	国内直接物质排放/GDP	国内总排放/GDP	物质直接排放量/GDP	物质总排放量/GDP
1995	0.84	58.58	0.99	58.72
1996	0.98	57.81	1.12	57.95
1997	1.08	55.18	1.22	55.32
1998	1.20	52.67	1.31	52.78
1999	1.09	51.08	1.21	51.20
2000	1.04	49.05	1.19	49.20
2001	1.04	46.30	1.18	46.44
2002	1.01	40.57	1.14	40.71
2003	0.97	39.15	1.13	39.31
2004	1.03	37.48	1.16	37.61
2005	1.03	35.77	1.15	35.90
2006	1.02	33.97	1.14	34.10

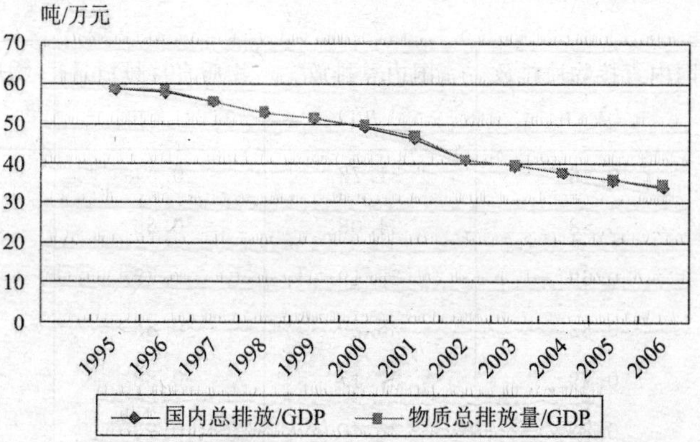

图 8—2—4　我国 1995～2006 年国内总排放/GDP 和物质总排放/GDP 的发展趋势

图 8—2—5　我国 1995～2006 年国内直接物质排放/GDP、物质直接排放量/ GDP 的发展趋势

如表 8—2—4 和图 8—2—6、图 8—2—7 所示，国内直接物质排放/人口和物质直接排放量/人口在 1995～2006 年呈现出明显的上升趋势，且发展形态十分相似，平均增长速度均在 10％以上。都是在 1995～1998 年和 2003～2006 年出现了较快速度的增长，1998～2003 年的增速相对平缓。国内总排放/人口和物质总排放量/人口在 1995～2006 年也出现了缓慢上升的态势，平均增长速度约为 3.2％，对比已有数据，1996 年欧盟的人均国内总排放约

表 8－2－4　1995～2006 年循环经济统计核算物质排放强度指标测算表 2

单位：吨/人

年份	国内直接物质排放/人口	国内总排放/人口	物质直接排放量/人口	物质总排放量/人口
1995	0.46	31.72	0.54	31.79
1996	0.58	34.08	0.66	34.16
1997	0.69	35.19	0.78	35.28
1998	0.82	35.89	0.89	35.97
1999	0.79	37.17	0.88	37.25
2000	0.82	38.40	0.93	38.51
2001	0.88	38.98	1.00	39.10
2002	0.92	37.02	1.04	37.15
2003	0.97	39.07	1.12	39.23
2004	1.12	40.93	1.27	41.08
2005	1.23	42.89	1.38	43.04
2006	1.35	45.01	1.52	45.18

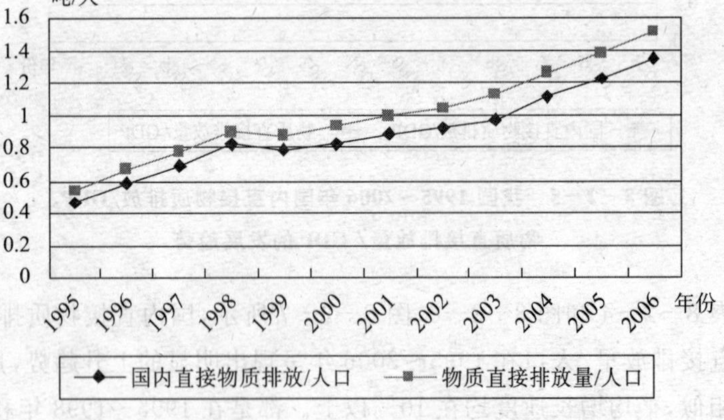

图 8－2－6　我国 1995～2006 年国内直接物质排放/人口、物质直接排放量/人口的发展趋势

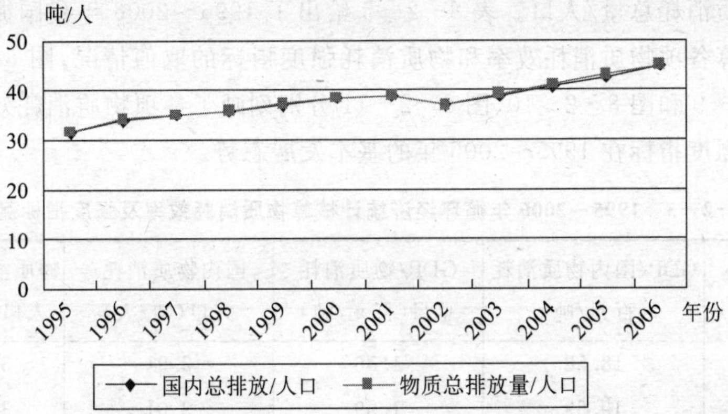

图 8—2—7　我国 1995～2006 年国内总排放/人口、物质总排放/人口的发展趋势

为 27 吨，日本约为 21 吨，美国约为 86 吨①②，考虑到各国近年的人口增长缓慢，且在经济社会发展中愈来愈注重资源环境问题，预测其人均物质排放指标将呈现不断下降的基本态势。而观察我国人均物质排放指标各年的绝对取值及其发展趋势，我国在转变生产和生活方式、贯彻清洁生产和绿色消费理念，促进节能减排、推动循环经济发展的过程中还任重道远。

需要指出的是，我国各项物质排放指标与 GDP 对比形成的强度指标和与人口对比形成的强度指标出现了方向不同的发展态势，产生这一现象的原因主要在于近些年来我国 GDP 指标一直保持较快速度的增长，而人口的增长速度则较为平缓，实际应用中可根据研究需要选择合适的指标进行分析。

三、物质消耗角度

物质消耗类指标与现有的宏观总量指标结合产生的衍生指标主要包括物质消耗效率和物质消耗强度两类指标。物质消耗效率主要用来反映单位物质消耗创造的经济价值，第六章给出的物质消耗效率指标主要包括 GDP/国内物质消耗和 GDP/物质消耗总量。物质消耗强度则主要用来反映人均物质消耗水平，第六章给出的物质消耗强度指标主要包括国内物质消耗/人

① 陶在朴著.生态包袱与生态足迹[M].北京:经济科学出版社,2003:77—80.

② 需要说明的是,美国的人均国内总排放之所以较高,很大原因在于其进口物质的隐藏流规模庞大且人口规模较小,即对进口国的生态环境造成了很大的压力。

口和物质消耗总量/人口。表8－2－5给出了1995～2006年我国循环经济统计核算各项物质消耗效率和物质消耗强度指标的取值情况，图8－2－8、图8－2－9和图8－2－10、图8－2－11分别刻画了各项物质消耗效率和物质消耗强度指标在1995～2006年的基本发展态势。

表8－2－5　1995～2006年循环经济统计核算物质消耗效率及强度指标测算表

年份	GDP/国内物质消耗（百元/吨）	GDP/物质消耗总量（百元/吨）	国内物质消耗/人口（吨/人）	物质消耗总量/人口（吨/人）
1995	18.58	1.56	2.91	34.76
1996	19.59	1.59	3.01	37.09
1997	20.87	1.67	3.06	38.26
1998	22.87	1.76	2.98	38.69
1999	23.67	1.81	3.07	40.19
2000	25.18	1.88	3.11	41.53
2001	25.31	1.98	3.33	42.51
2002	25.67	2.23	3.55	40.93
2003	24.17	2.29	4.13	43.63
2004	22.75	2.34	4.80	46.65
2005	22.25	2.42	5.39	49.57
2006	21.95	2.52	6.04	52.50

图8－2－8　我国1995～2006年GDP/国内物质消耗的发展趋势

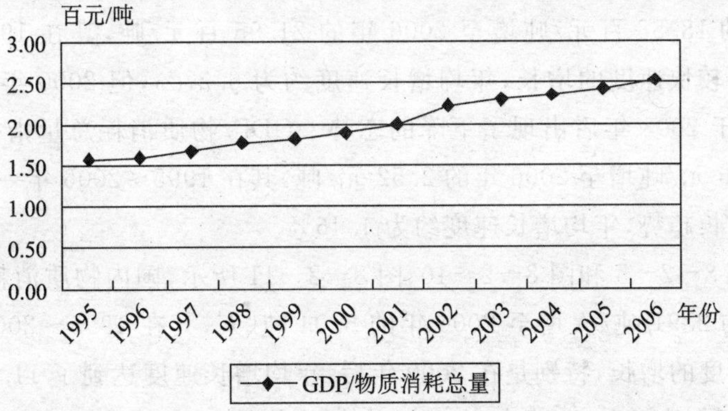

图 8—2—9　我国 1995～2006 年 GDP/物质消耗总量的发展趋势

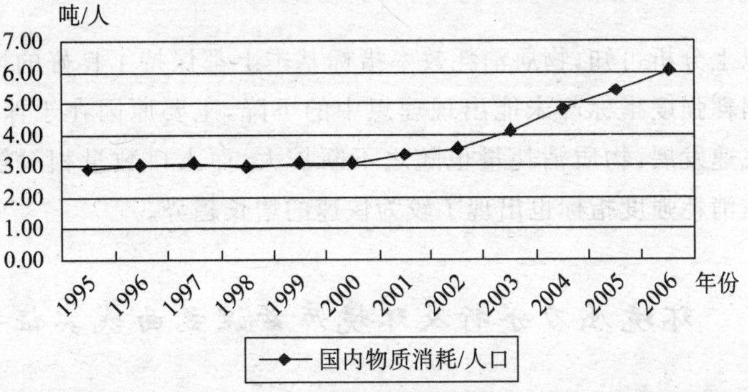

图 8—2—10　我国 1995～2006 年国内物质消耗/人口的发展趋势

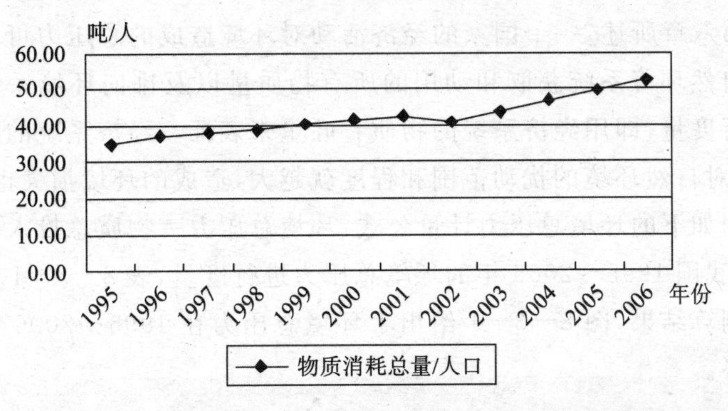

图 8—2—11　我国 1995～2006 年物质消耗总量/人口的发展趋势

如表8-2-5和图8-2-8、图8-2-9所示，GDP/国内物质消耗从1995年的18.58百元/吨增至2006年的21.95百元/吨，其在1995～2000年保持了较快速度的增长，年均增长速度约为6.27%，但2000年后的增速放缓，并于2003年后出现了下降的态势。GDP/物质消耗总量指标从1995年的1.56元/吨增至2006年的2.52元/吨，其在1995～2006年一直保持了稳定的增长趋势，年均增长速度约为4.46%。

如表8-2-5和图8-2-10、图8-2-11所示，国内物质消耗/人口从1995年的2.91吨/人增至2006年的6.04吨/人，其在1995～2006年出现了较快速度的增长，特别是在2000年后，年均增长速度达到了11.70%。物质消耗总量/人口从1995年的34.76吨/人增至2006年的52.50吨/人，其在1995～2006年也一直保持了稳定的增长趋势，年均增长速度约为3.82%。

由以上分析可知，物质消耗效率指标基本上都保持了良好的增长态势，但物质消耗强度指标却未能出现理想中的下降，主要原因在于伴随着我国经济的飞速发展，物质消耗量也随之不断扩大，而人口数量相对较为稳定，所以物质消耗强度指标也出现了较为快速的增长趋势。

第三节　环境压力分析及环境库兹涅兹曲线实证分析

一、环境压力实证分析

如第六章所述，一个国家的经济活动对环境造成的总压力可以用经济系统从自然环境系统获取和动用的所有物质量以及排向环境系统的废物总量进行度量，即用经济系统的物质吞吐量来表征。经济系统的物质吞吐量越大，对自然环境的扰动范围和程度就越大，造成的环境损失也就越大。本书采用如下的环境总压力计量公式：环境总压力＝物质总投入＋物质总排放，对我国1995～2006年的环境总压力进行度量，表8-3-1给出了相关实证测算结果，图8-3-1给出了环境总压力在1995～2006年的基本发展态势。

表 8－3－1　1995～2006 年我国环境总压力实证测算表

单位:百万吨

年份	物质总投入	物质总排放	环境总压力
	(25)	(29)	(30)＝(25)＋(29)
1995	41485.6	38509.8	79995.4
1996	44789.4	41811.8	86601.2
1997	46539.2	43616.0	90155.2
1998	47575.4	44876.4	92451.8
1999	49725.4	46855.4	96580.8
2000	51717.0	48811.0	100528.0
2001	53031.1	49904.6	102935.7
2002	51106.3	47718.2	98824.5
2003	54774.8	50692.5	105467.3
2004	58175.7	53393.0	111568.7
2005	61713.4	56278.3	117991.7
2006	65550.1	59388.7	124938.8

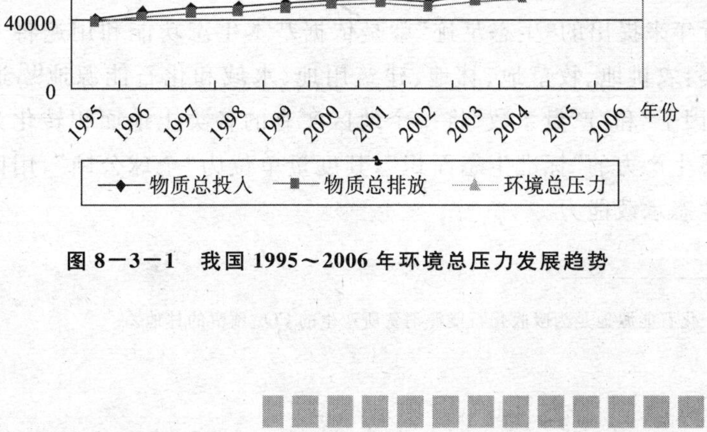

图 8－3－1　我国 1995～2006 年环境总压力发展趋势

如表8－3－1和图8－3－1所示，我国环境总压力在1995～2006年呈现不断增长的基本态势，年均增长率为4.14％，2002年后的增速较以往明显加快，年均增长率达到6.04％，可见我国近年来的经济虽然保持高速增长，但粗放型的增长模式还未从根本上转变，资源消耗及环境污染不断加重。要从根本上扭转这一局面，要在科学发展观的统领下，大力发展循环经济，建设资源节约、环境友好型社会，实现经济又好又快发展。否则继续以往的粗放式经济增长模式，我国的资源环境将难以支撑，国际竞争力也将难以持续。

以上分析反映了我国环境总压力随时间的变化情况，但环境总压力还和环境承载能力之间具有十分密切的关系。若两个地区具有相同的环境总压力，但由于各自土地面积等承载能力的不同，我们不能说两个地区具有同样程度的环境问题。因此需要借助力学中的压强概念，用单位土地面积承受的环境压力来度量环境问题的严重程度，即环境压强＝环境总压力/土地面积。必须注意的是，并不是全部土地面积都具有环境承载能力，部分土地的环境承载能力很低甚至为零，如沙漠和戈壁，这里的环境承载能力是指地区的生态环境系统能够提供的各种资源和容纳、吸收废弃物质的能力。因此为了更客观的反映环境压强指标，环境压强计算公式中的土地面积不包含环境承载力很低或为零的沙漠和戈壁，而主要考虑该地区拥有的农耕地、草地、林地、具有生态生产力的水域等土地面积。由于自然条件的差异，不同类型土地的环境承载能力也有较大的差异，合理的处理方式即将各种类型的土地（水域）按照某一标准转化为具有某种相同环境承载能力的标准面积，那么以这样的标准面积计算的环境压强将更真实地反映各个地区环境压力的强度，且具有可比性。

近年来提出的“生态足迹”就是依据基本生态功能和用途将土地划分为六类：农耕地、牧草地、林地、建筑用地、水域和化石能源地[①]，通过应用“等量因子”和“产量系数”将一个地区实有的各类土地面积转化为具有同等生态生产力的“标准生态面积”，其度量单位为“全球公顷”，用以反映地区的生态承载能力。

① 化石能源地是为吸收化石能源消费所产生的CO_2预留的林地。

本书利用已有的生态承载力测算资料①②，如表 8－3－2 所示，通过测算给出了我国 1995～2006 年的环境压强数据，如表 8－3－3 所示。

表 8－3－2　1995～2006 年我国生态承载力测算资料

单位：全球公顷

年　份	1995	1996	1997	1998	1999	2000
生态承载力	106943.8	110008.1	109643.9	111581.2	122641.4	121431.2
年　份	2001	2002	2003	2004	2005	2006
生态承载力	124303.6	120745.8	119549.2	120897.9	120894.4	131842.3

表 8－3－3　1995～2006 年我国环境压强实证测算表

单位：百万吨/全球公顷

年　份	1995	1996	1997	1998	1999	2000	2001	2002	2003	2004	2005	2006
环境压强	0.75	0.79	0.82	0.83	0.79	0.83	0.83	0.82	0.88	0.92	0.98	0.95

从表 8－3－2 和表 8－3－3 中可以发现，我国的生态承载力在 1999 年出现了较明显的增长，其后的发展较为稳定，2006 年在 2005 年的基础上有较大程度的提高，说明近年来通过发展循环经济，倡导清洁生产、改变消费模式，可持续发展的资源环境形势有所缓解。环境压强的变动基本上比较稳定，在 2002 年以前发展比较平缓，其后有较为明显的增长态势，年均增长率为 3.78%，说明经济发展与生态环境保护之间的矛盾近年来在不断扩大。从环境压强的影响因素来看，要减轻我国的生态环境压力，一方面要减少物质投入总量和废物排放总量，另一方面要不断提高生态承载能力。要在资源总量和生态服务供给有限的条件下，通过经济的持续发展加大技术的研究力度，积极开发新资源和努力提高资源的利用效率，倡导节约资源、保护环境的生产观和消费观，在城市化、工业化过程中实施严格的资源保护措施，以不断缓解面临的资源环境难题。

① 刘宇辉，彭希哲．中国历年生态足迹计算与发展可持续性评估[J]．生态学报，2004，24(10)：2257—2262．

② 张衔广，原艳梅．基于经验模态分解的中国生态足迹与生态承载力动力学预测[J]．资源科学，2008，30(8)：1212—1217．

二、环境库兹涅茨曲线实证分析

环境库兹涅茨曲线的含义是:"沿着一个国家的发展轨迹,尤其是在工业化的起飞阶段,不可避免地会出现一定程度的环境恶化;在人均收入达到一定水平后,经济发展会有利于环境质量的改善。"[①]这实际上意味着促进经济增长应成为首要政策目标,而不是环境保护政策优先或者环境与增长并重的政策。也就是说,一个国家的政府可以对环境恶化采取无为而治的态度,只需通过加速经济增长,尽快抵达环境库兹涅兹曲线中对环境改善有利的发展阶段才是解决环境问题的关键,这也是末端治理的理论依据。按照以上的理论,如果环境库兹涅茨曲线假说在我国成立,作为发展中国家的中国唯一的办法是通过加速经济增长,尽快跨越环境库兹涅茨曲线的转折点,这才是解决环境问题的最佳选择。

但是任何经济假说都有着严格的前提条件,环境库兹涅兹曲线隐含的重要先决条件是:生态阈值(生态环境承载力)足够大,即假设无论污染多么严重,生态环境都是可逆的、可恢复的,因而拐点总是存在的、可实现的[②]。目前已有的研究结果显示,西方多数发达国家都是在 20 世纪 70～80 年代,人均 GDP 指标达到 1 万美元左右时跨越倒 U 型曲线的顶端的。但是必须注意的是,我国 2006 年的人均 GDP 还不到 2000 美元,与其他发达国家尚有 40 年左右的差距,而目前我国的生态环境已经非常脆弱,且资源利用效率和环保意识低下,如果继续无休止的对资源环境施压,对资源的索取和对环境的破坏逐渐超过生态承载能力,资源环境因素将成为经济增长的阻碍因素。因此我们不能仿照发达国家末端治理的方法,要采取主动保护和改善环境的经济发展模式,大力发展循环经济,在较低的人均发展水平下,实现经济发展与资源环境的和谐发展。

由于本书数据跨越年份较短,因此无法检验我国经济发展同环境压力的关系是否符合环境库兹涅兹曲线的基本形状,而是主要应用 1995～2006 年我国人均环境压力指标和人均 GDP 指标,简要分析这一阶段经济增长与生态环

---

① 沈满洪,许云华. 一种新型的环境库兹涅兹曲线——浙江省工业化进程中经济增长与环境变迁的关系研究[J]. 浙江社会科学,2000(7):54—56.

② 吴瑞林. 不能躺在"环境库兹涅兹曲线"上等拐点[J]. 江苏环境,2006(7).

境压力的基本关系和特征。人均 GDP 和人均环境压力指标的二元散点图见图 8—3—2。

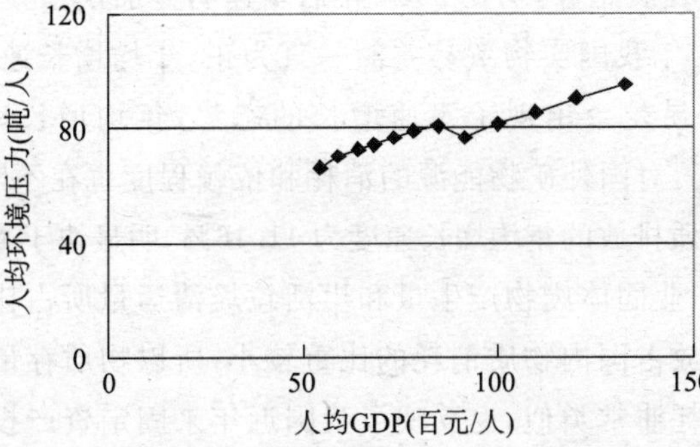

图 8—3—2 我国 1995～2006 年人均 GDP 和人均环境压力指标散点图

如图 8—3—2 所示，在我国经济持续增长的同时，环境压力也在不断加重，人均 GDP 每增加 100 元，人均环境压力平均增加 0.319 吨，且近些年来(2002 年之后)还有进一步扩大的趋势，说明我国的资源环境形势还在继续恶化，经济增长方式还未进行根本性转变，照这样的趋势发展下去，将对生态环境产生更大的冲击。如前所述，以我国目前的资源环境条件，不可能重复发达国家“先污染、后治理”的老路，而必须走经济发展与资源环境协调发展的道路。一定要大力推进循环经济，优化升级产业结构，完善有关环境保护的法律法规，加强环境保护的执行力度，使我国在经济高速发展的同时也拥有良好的生态环境，建设人与自然和谐相处的社会。

第四节 实证分析结论及相关建议

一、主要实证分析结论

第八章主要对循环经济统计核算账户体系涉及的主要指标进行了实证测算，得到的主要分析结论概括如下：

1. 从循环经济统计核算账户体系相关总量指标的测算来看，直接物质投入在 1995～2006 年保持较快速度的增长，年均增长速度为 7.65%，国内开采量一直占直接物质投入绝大部分的比重。近年来可喜的现象是再生物质总量占直接物质投入的比重在持续上升，说明经济发展中物质循环利用的程度在不断提高。由于出口所占的比重较小，国内物质消耗与直接物质投入呈现相似的发展态势，均在2000年后增速明显加快。

1995～2006年我国实物贸易差额一直为正，年均增长速度为12.14%，且近年来实物贸易盈余出现了飞速增长的态势，年均增长率(2003～2006年)达到27.84%，对国外矿物能源的消耗和依赖程度也在不断提高。

国内直接物质排放的年均增长速度为11.16%，明显快于直接物质投入的年均增速，其中工业固体废物产生量和生活垃圾清运量所占比重较大。由于国内直接物质排放占国内物质消耗的比重较小，所以物质存量净增的发展态势与国内物质消耗非常类似，也反映了我国近年来固定资产投资不断增长的现实状况。

国内未使用开采是从物质角度衡量经济活动对资源环境影响的重要指标，但实证测算中由于缺乏我国自身的生态包袱系数资料，存在较大程度的估算问题。按照国际相关生态包袱平均系数测算，我国的国内未使用开采在1995～2006年基本保持增长态势，年均增长速度为3.85%，发展较为平缓，且以建筑土方及河流疏浚为重。

隐藏流贸易平衡项目较实物贸易差额更能反映国际贸易中的生态环境代价，但由于在测算中对进口、出口物质按照统一的生态包袱系数计量，会导致与出口有关的隐藏流低估，由此造成隐藏流贸易平衡项目的高估问题。按目前的数据和计算方法，隐藏流贸易平衡项目在1995～2006年增长速度很快，且一直处于生态贸易盈余状态。这与我国对生态环境破坏影响大的金属矿物和化石燃料的进口量明显高于出口量有关，当然，测算中并未考虑进口、出口物质量生态包袱系数的差异问题。

从反映经济系统物质总投入的物质需求总量指标来看，我国物质总需求在1995～2006年呈现不断增长的发展态势，年均增长速度为4.68%。由于出口及相关的隐藏流规模很小，从而用以反映经济系统物质消耗总量的物质总消耗指标与物质总需求呈现相似的发展态势，年均增长速度为4.59%。

另外，还给出了未在核算账户体系中直接出现的物质总投入、国内物质需求总量、国内总排放、物质直接排放量和物质总排放量等总量指标在

1995～2006年间的发展趋势。这些指标都是从不同的考察和应用角度，在账户体系相关指标的基础上测算得到的，除物质直接排放量指标外，由于上述各项指标均包括国内未使用开采项目，且所占比重最大，因此呈现较为相似的发展趋势，主要为后续衍生指标的测算打下基础。

2. 由于各项总量指标的取值直接受到经济发展总量和人口总量的影响，因此有必要从相对指标的角度，也即从效率和强度的角度考察经济系统的物质投入、物质排放和物质消耗情况。

从物质投入的角度来看，我国物质使用效率指标（主要关注直接物质投入使用效率）在1995～2002年一直呈现较为稳定的增长态势，年均增长率为4.60％，其后出现了一定程度的下降，且直接物质投入使用效率的绝对数值与其他国家相比还处于非常低的水平。物质使用强度指标（主要关注直接物质投入使用强度）在1995～2006年除个别年份外，也呈现出持续增长的发展态势，年均增长率为6.82％，这在一定程度上反映出我国人民的生活水平在不断提高。虽然与其它国家相比，我国的人均直接物质投入数量微小，但我国人口基数过大，资源环境目前又非常脆弱，因此需要我们进一步提高资源利用效率，增加再生资源利用比重，并积极利用外国的优质资源。

从物质排放的角度来看，我国单位GDP物质排放量指标在1998年后均呈现出不断下降的趋势，但下降速度较为缓慢。人均直接物质排放量指标在1995～2006年出现了快速增长的态势，年均增长速度在10％以上，人均国内总排放、人均物质总排放指标也出现了缓慢的上升态势，且绝对取值对比其他国家下降的压力很大。

从物质消耗的角度来看，我国国内物质消耗效率指标在1995～2000年保持了较快速度的增长，2000年后的增速放缓。物质消耗总量效率指标在1995～2006年的增长趋势较为稳定，年均增长速度约为4.46％。而人均国内物质消耗和人均物质消耗总量指标在1995～2006年均出现了较快速度的增长。总体来看，物质消耗效率指标基本上保持了理想的增长态势，但物质消耗强度指标却未出现下降的迹象，相反增长速度较快，导致这一现象的可能原因是我国人口数量相对稳定，而经济增速较快。

3. 环境压力分析中以物质吞吐总量来表征环境压力的大小，测算结果显示1995～2006年我国环境总压力一直在持续加重，年均增长速度为

4.14%，且2002年以后的增速明显加快，年均增长速度达到6.04%。考虑了地区环境承载能力后测算的相对环境压力——环境压强指标显示，我国的环境压强总体上在不断增长，但增速较为缓慢，年均增长速度为3.78%。通过环境总压力和环境压强指标的测算，反映出我国粗放型的经济增长方式还未从根本上转变，经济增长方式与生态环境保护之间的矛盾近年来还在不断扩大。由于本书数据跨越的年份较短，因此并未检验我国经济发展同环境压力的关系是否符合环境库兹涅兹曲线的基本形状，而是考察了我国1995～2006年人均环境压力和人均GDP指标变化的基本关系和特征，研究显示在我国经济持续增长的同时，环境压力也在不断加重，且近年来还有进一步扩大的趋势。说明我国目前的资源环境形势非常严峻，必须坚定走经济发展与资源环境协调发展的道路，大力推进循环经济，否则资源环境因素将成为未来经济增长的重要阻碍因素。

4. 从物质减量化①的角度考察，我国各项物质投入、消耗指标和物质排放指标的绝对数量于1995～2006年均在持续增加。若从相对减量化的角度考察，即某段时间内的物质消耗或排放的增长速率如果低于经济增长率，说明符合相对减量化的要求。我国1995～2006年直接物质投入(7.65%)、国内物质消耗(7.64%)、国内未使用开采(3.85%)、物质需求总量(4.68%)、物质消耗总量(4.59%)、物质总投入(4.25%)、物质总排放(4.02%)和国内总排放(4.00%)等总量指标的年均增长速度均低于这一阶段GDP的平均增长速度(10.93%)，只有国内直接物质排放的年均增速(11.16%)例外。可以看出，我国物质投入、消耗以及物质排放的绝大多数指标均符合相对减量化的要求，下一步努力的方向是争取在绝对数量方面实现规模的不断下降，降低环境总压力。而国内直接物质排放指标需要进一步关注，要积极采取各项措施控制各项污染物的排放，降低环境污染的破坏程度。

从资源循环利用的角度来看，再生利用物质总量占直接物质投入的比重由1995年的6.41%提高至2006年的11.35%，说明我国经济发展中资源的循环利用水平在不断上升。另外，我国在1995～2006年的物质投入使用

① 物质减量化是循环经济发展的重要原则，既表现为进入经济系统中的物质投入量的减少，也包括经济系统排出到生态环境系统中废物量的减少。一般来讲，经济系统的物质输入量和输出量越少，生态环境的质量越高。

效率、物质消耗效率指标一直呈增长态势，但对比GDP的平均增长速度还较为缓慢，需要在经济生产和生活中进一步提高各种资源的利用效率。

综合来看，我国目前循环经济的发展水平较低，还仅处于初级阶段，经济增长面临的资源环境压力十分巨大，循环经济的大力推进非常急迫且任重道远。

二、相关建议

通过循环经济统计核算账户体系各项指标的测算分析，有助于加深对我国循环经济发展状况的认识，下面结合实证分析结论，并针对我国循环经济实践发展中存在的突出问题，提出如下政策建议。

(一)营造良好的循环经济发展环境

政府要对发展循环经济的产业和企业实施优惠税收政策，并给予投资优待，各项发展资金要向循环经济的企业和项目倾斜，优先支持循环经济发展项目，以增强各级部门、企业发展循环经济的积极性。可考虑由政府、金融机构和社会共同出资建立循环经济发展基金，用以作为环境技术开发、能源合理使用、尾矿库处理、生态环境恢复、废物再生处理设备的生产和购置、经营废弃物再生利用的企业和项目的收入。还要重点关注和支持地区循环经济生态工业园区建设，生态工业园区是循环经济发展的较高层次，它要求在企业和企业之间形成废弃物的输入输出关系，运用循环经济理念组织企业在共生层次上实现物质和能源的循环，并产生较好的经济效益。

(二)建立和完善循环经济科技支撑体系

虽然我国在提高资源利用效率方面取得了一些突破，但总体上看，循环经济科学技术的研究和应用明显滞后。建议进一步积极鼓励和引导有关循环经济基础理论和实用技术的研究，建立各级研发中心，重点组织和开发具有普遍推广意义的资源有效利用和替代技术、能量梯级利用技术、产业链接以及产业链延长技术、"零排放"技术、有毒有害原材料替代技术、回收处理技术和绿色再制造技术等，努力突破制约循环经济发展的技术瓶颈①。还要积极发展循环经济信息系统和技术咨询服务体系，及时向社会发布有关循

① 王洪.国外发展循环经济的成功经验及启示[J].天津师范大学学报(社会科学版)，2006(2):24－28.

环经济的技术、管理、政策等方面的信息，开展信息咨询、技术推广、宣传培训等工作，并广泛开展国际交流与合作，引进学习国外先进经验和技术，建立完善的循环经济科技支撑体系，为循环经济发展提供良好的技术支持。

（三）依法促进循环经济发展

世界先进国家的循环经济实践表明，完善的循环经济法律制度是发展循环经济的基本依据和必要保障。德国、美国和日本等国都具备较为完善的循环经济法律体系，如欧盟循环经济法律制度体系就包括抑制废物形成制度、循环名录制度、循环目标制度、技术与工艺标准以及技术性指导制度、政府扶持制度、市场准入与许可制度、经济激励制度等①。我国在完善循环经济的法律法规方面也做出了许多努力和改进，出台了《环境保护法》、《水污染防治法》、《清洁生产促进法》、《环境影响评价法》、《可再生能源法》、《节约能源法》等，修订了《资源综合利用目录》和《固体废物污染环境防治法》等，均提出了发展循环经济相关方面的要求，各地也出台了比较完善的地方性法规，为依法推进循环经济的发展奠定了基础。但大多数法规为原则性表述，缺乏可操作性内容，执行力不足，对推动循环经济建设工作所起的作用有限。因此需要进一步完善现有的循环经济法律制度体系，以法律的形式明确循环经济的范畴、地位和各主体的作用、权力和任务，详细制定各项循环经济标准规范，增强法规的可操作性，使之切实指导和规范循环经济发展。并加强对循环经济有关政策、法规执行情况的监督和检查，严格执法，将循环经济全面纳入法制化轨道。

（四）充分发挥政府的主导作用

循环经济作为实现可持续发展的经济模式，不可能自然而然地在市场经济的基础上产生，而必须依靠政府的强制性手段来推动，因此政府应当成为促进循环经济发展的责任主体，起着主导的关键作用。政府要积极促进产业结构优化升级，加快发展低耗能、低排放的第三产业，并用高新技术和先进适用技术改造传统产业，严格限制高耗能、高污染产业的发展，采取措施推进区域产业布局合理调整。要提供有利于循环经济发展的体制条件和政策环境，对循环经济发展进行总体规划和全面指导，通过各项政策法规的

① 高红贵．国外发展循环经济的经验及其启示[J]．决策参考，2006(9)：35－36．

制定和实施，运用价格、税收和财政等经济手段，激励和刺激循环经济发展。当然，发挥政府在发展循环经济中的主导作用并不意味着政府成为循环经济的主体，循环经济的主体仍然是企业和生产单位，政府只是循环经济制度和规则的设计者、法律法规的执行者、监督者，主导作用只表现为积极引导方向和推动前进。

（五）加大公众的参与程度

公众是资源综合利用的中坚力量，要进一步加大宣传教育力度，提高全民发展循环经济的意识和参与水平，在全社会牢固树立循环经济观念，建立绿色生产、绿色消费、环境友好和资源永续利用的社会公共道德准则，并将节约资源、保护环境的意识落实到公众的日常生活中去。

第九章

研究结论及研究展望

第一节　研究结论

本书取得的研究结论主要有：

第一，发展循环经济是我国社会经济的必然选择，但关于循环经济统计核算问题的研究还仅处于初步探索阶段。本书结合我国循环经济发展的实际情况和需要，科学界定了循环经济统计核算的基本目的以及核算框架的设计原则。认为循环经济统计核算的主要目的集中于提供数据信息、进行监测评价和发挥咨询功能三个方面。构建循环经济统计核算框架是循环经济发展的基础性工作，是关于循环经济的综合数据信息系统。在循环经济统计核算框架设计中需要遵循一系列基本原则，这些原则是循环经济统计核算框架设计的指导性思想，主要包括整体性原则、层次性原则、衔接性原则、可操作性原则和导向性原则。

第二，紧扣循环经济的本质和运行机理，并结合循环经济统计核算的基本目的和框架设计原则，综合考虑我国现有国民经济核算体系的口径和实施情况，本书提出了如下的循环经济统计核算整体框架：在纵向上，统计核算可从三个有序衔接的层面展开——国家层面、区域层面和企业/家庭层面。这是由循环经济本身的运行模式决定的，即循环经济在国家层面的大循环、区域层面的中循环和企业/家庭层面的小循环。在横向上，主要采取账户体系和投入产出分析相结合的方法对循环经济展开统计核算，账户体系主要用以反映循环经济运行过程中各项错综复杂的关系，描述循环经济运行的过程和全貌。而投入产出分析则是对构建的循环经济账户体系的进一步完善，以进一步挖掘经济系统内部循环经济的运行特征和存在问题。另外，循环经济统计核算和分析主要从实物量的角度展开，之所以采取实物量核算的方式，一方面是为了避免现有资源环境价值化的难题，使构建的循环经济统计核算框架具有很强的现实操作性。另一方面，由于本书认为循环经济的核心问题是"物质循环"，主要探讨物质投入、消耗以及物质循环各项间的关系，通过研究物质在经济系统中输入—贮存—输出的实物量变动，揭示物质的流动特征和转化效率，为循环经济各项政策的制定提供科学决策依据。

第三，本书在第六章给出了国家层面循环经济统计核算账户体系的基本核算框架，基本核算思想是以经济系统为中心，把进入和排出经济系统及经济系统内的物质存量进行分类，从而定量考察经济系统的"物质吞吐规模"，用以反映循环经济的发展水平，也在一定程度上考察经济活动对自然环境的影响。账户体系核算的基本平衡原则是质量守恒定律，以一年为周期进行编制，主要借鉴欧盟《指导手册》推广的物质流核算框架的基本思想，利用11个子账户对进出经济系统的物质量、物质在经济系统内的存量以及循环利用情况展开核算分析。这11个子账户分别是：直接物质投入账户、国内物质消耗账户、实物贸易平衡账户、国内直接物质排放账户、存量净增账户、物质存量核算总表、物质流动平衡账户、国内未使用开采账户、隐藏流的贸易平衡账户、物质需求总量账户和物质消耗总量账户。并对国家层面循环经济统计核算账户体系提供的分析功能以及定位和实现问题进行了系统的分析。

第四，国家层面循环经济统计核算账户体系主要对输入、排出以及贮存在经济系统内的物质量进行了系统的描述，但对经济系统内部的物质流量和流向缺乏分析和监测，需要利用投入产出分析技术对经济系统内部的物质流动特征做进一步的分析，弥补循环经济统计核算账户体系的不足。第七章给出了国家层面循环经济投入产出表的基本表式，在分析循环经济发展模式下物质在经济系统内流动路径的基础上，循环经济投入产出表的宏观部门主要设立资源部门、生产部门、消费部门和资源恢复部门，使循环经济投入产出表能够完整的描述物质在经济系统中的运行过程。通过循环经济投入产出分析，不仅可以清楚地反映各部门的物质来源及消耗情况，还有助于分析各部门的废弃物及再生资源的利用情况，能够较为清晰地刻画物质在经济系统内的流动情况。第七章还探讨了循环经济投入产出表中蕴含的基本平衡关系以及其可能提供的各项分析功能。

第五，第八章利用相关数据资料，对循环经济统计核算账户体系中涉及的主要总量指标和衍生指标等进行了实证测算，测算期为 1995 年至 2006 年，实证结果显示：我国各项物质投入、消耗指标和物质排放指标的绝对数量于 1995～2006 年均在持续增加，但从相对减量化的角度考察，我国物质投入、消耗以及物质排放的绝大多数指标均符合相对减量化的要求，我国经济发展中资源的循环利用水平也在不断上升。下一步努力的方向是争取在物质投入、排放的绝对数量方面实现规模的下降，在经济生产和生活中进一步提高各种资源的利用效率，降低环境总压力和环境污染的破坏程度。总之，整体上看，我国目前循环经济的发展水平较低，还仅处于初级阶段，循环经济的大力推进非常急迫且任重道远。建议在营造良好的循环经济发展环境、建立和完善循环经济科技支撑体系、依法促进循环经济发展、充分发挥政府的主导作用以及加大公众的参与程度等方面加大力量，积极采取各项措施推动我国循环经济发展。

第二节　研究展望

第一，本书只给出了国家层面循环经济统计核算的基本分析框架，对于区域层面、企业和家庭层面的循环经济统计核算问题还有待展开。区域层面循环经济统计核算的基本思路与国家层面类似，待探讨的关键问题在于基础数据收集系统的不断完善。企业和家庭的循环经济核算意义重大，因为企业和家庭才是循环经济实施的基本单元。企业的循环经济统计核算有助于监测企业的循环经济运行情况，将循环经济的“减量化，再利用、资源化”原则真正体现在生产和服务中。特定家庭的循环经济统计核算能够反映家庭在能源、淡水和物质消费方面的变化，有助于认识家庭的不同经济行为对环境的影响，从而探讨可持续的家庭循环经济行为模式，使每一个公民都参与到循环经济的建设中来。

第二，国家层面的循环经济统计核算主要关注经济系统的“物质流动”，但必须注意的是，经济系统中一些大的物质流经常会主宰以质量为基础的各项总量分析指标，且不同的物质流可能会带来不同的环境影响。正因为物质流量的大小并不与其带来的环境影响成正比，所以会弱化循环经济各总量指标与物质流动带来的环境影响之间的关系，解决办法之一是应尽快开展对资源消耗量高和环境污染严重的重点行业（如钢铁、水泥行业）的循环经济统计核算分析，也要特别重视对国民经济发展非常重要的战略性资源以及对环境危害较大的物质的追踪研究工作。通过分析物质向环境排放的过程、主要途径、经济系统内部的物质存储和流动情况，有助于分析特定行业或物质的循环经济开展情况，弥补循环经济总量分析的不足，为相关决策和政策制定提供信息服务，达到专项循环经济核算分析以及环境监控的目的。解决办法之二是可以考虑采用能值分析方法对循环经济统计核算进行进一步改进。能值理论及分析方法是由“系统生态学之父”——H. T. Odum 为首创立的，主要用于探索能量、物质、信息等对系统发展变化作用机理的研究。能值定义为自然资源、经济产品或劳务形成所需的直接和间接投入的一种有效能总量，单位能量（物质）的能值称为该能量的能值转化率。各种能源均源于太阳能，因此以太阳能焦耳为基准度量各种能量（物质）的能值[①②]。在循环经济统计核算的物质流动分析中，我们可以将各种形式的物质转换为同一标准的能值后加以比较和分析。各种物质能值转化率的测算比较复杂，国际上已经换算出了自然界和人类社会百余种物质的太阳能值转换率，但对于开展循环经济统计核算涉及的物质总类来说还远远不够，实践性较差，需要在后续研究中进一步加以关注。

第三，积极探讨循环经济统计核算与绿色 GDP 核算结合的可能性。近年来绿色 GDP 核算的理论研究和实践开展都在不断加深。绿色 GDP 核算

---

① Odum H. T. 著. 蒋有绪等译. 系统生态学[M]. 北京：科学出版社，1993.

② 蓝盛芳，钦佩，陆宏芳. 生态经济系统的能值分析[M]. 北京：化学工业出版社，2002.

是在可持续发展观的指导下，在现有的国民经济核算基础上进行资源环境调整，将经济过程中对资源、环境的利用作为经济产出的投入引入其间，即经济投入成本中，既包括自然环境向经济过程提供的资源、也包括自然环境接纳经济过程的排放物而提供的环境服务。相应的，绿色GDP是在GDP中扣除经济增长的资源环境成本后得到的核心指标。绿色GDP核算可以较好地衡量和测度可持续发展的水平。如果经济过程延续传统的发展模式，以过度消耗资源、损害环境为代价谋求经济增长，必然会在整个核算体系中突显出来，如较低水平的绿色GDP。相反，如果在发展经济的同时，注意资源的有效利用和环境的保护，那么一个相对较低的资源环境成本也会在核算体系中得到反映，如直接表现为绿色GDP的显著增长。总之，绿色GDP核算通过对资源利用、环境污染及生态破坏的准确计量，有助于客观冷静地看待所取得的经济成就，认识一定经济成就背后的资源环境代价，从而积极采取措施降低环境损失。但绿色GDP核算作为一项庞大的系统工程，目前还面临着技术、制度和观念等方面的种种问题，如"资源与环境的产权界定和非市场定价"作为两大核算难题至今未得到合理解决，严重阻碍着绿色GDP核算研究的进一步开展。循环经济统计核算主要是从实物量核算角度关注经济系统的"物质流动"，而绿色GDP核算的基础工作还是要进行资源环境的实物量核算。鉴于目前我国绿色GDP核算的研究和实践工作中已取得较为成熟的成果和经验，又因为循环经济统计核算框架的相对独立性，我们可以考虑扩展绿色GDP核算中实物核算的内容，探讨二者结合的可能性，突出二者各自对于可持续发展的评价优势，即绿色GDP核算有助于明确经济发展的资源环境代价，而循环经济统计核算则有助于监测和分析循环经济的运行情况。

第四，本书重在给出国家层面循环经济统计核算的整体框架，理论性较强，但对核算实施的细节关注不够。要推动循环经济统计核算的实践开展，还有很多问题需要进一步研究和确定，例如如何统一数据来源，怎样通过完善现有的数据收集系统、达到循环经济统计核算的数据要求，具体如何开展我国生态包袱系数的测算工作等等。希望越来越多的学者和实际部门工作人员关注循环经济统计核算问题，尽快形成我国较为科学完善的循环经济统计核算实施框架，更好地服务于我国的循环经济发展。

参考文献

[1] (美)艾默里·洛文斯．自然资本论导读(上、中、下)[M]．世界科学，2000 年第 8、9、10 期

[2] (美)艾瑞克·戴维森．生态经济大未来[M]．汕头：汕头大学出版社，2003

[3] (美)保罗·霍肯．商业生态学[M]．上海：上海译文出版社，2001

[4] (美)巴里·康芒纳．与地球和平相处[M]．上海：上海译文出版社，2001

[5] 曹俊文．环境与经济综合核算方法研究[M]．北京：经济管理出版社，2004

[6] 曹利军．可持续发展评价理论与方法[M]．北京：科学出版社，1999

[7] 陈硕颖．国外循环经济研究状况述评及其对我国的启示[J]．中共杭州市委党校学报[J]，2007(3)：76－80

[8] 陈效逑，赵婷婷，郭玉泉等．中国经济系统的物质输入与输出分析[J]．北京大学学报(自然科学版)，2003，39(4)：538－547

[9] 戴亦一．建立适应可持续发展战略需要的国民核算新模式[J]．统计研究，2000(7)

[10] 冯久田．基于循环经济的生态工业理论研究与实证分析[D]．武汉理工大学，2005

[11] 冯薇．产业集聚、循环经济以及二者关系的理论综述[J]．生态经济，2007(3)：107－110

[12] 冯之俊．论循环经济[J]．中国软科学，2004(10)

[13] 高敏雪．环境—经济统计的思路与未来实践[J]．统计研究，2002(7)

[14] 高敏雪．环境统计与环境经济核算[M]．北京：中国统计出版社，2000

[15] 高敏雪，王彦．环境经济核算再认识[J]．统计研究，2000(4)

[16] 黄和平，毕军等．区域生态经济系统的物质输入与输出分析——以常州市武进区为例[J]．生态学报，2006(8)：2578－2586

[17] 黄怀友．循环经济规划的理论、方法及初步应用[D]．东南大学，2005

[18] 黄金贤．循环经济：产业模式与政策体系[M]．南京：南京大学出版社，2004

[19] 侯丽媛．城市循环经济建设的规划和评价研究[D]．天津大学，2005

[20] 吉小燕，郑垂勇．基于循环经济的投入产出表的改进[J]．工作试点，2007(2)：49－50

[21] 柯金良，王之佳译．世界环境与发展委员会著．我们共同的未来[M]．吉林：吉林人民出版社，1997

[22] 刘滨，王苏亮，吴宗鑫．试论以物质流分析方法为基础建立我国循环经济指标体系[J]．中国人口·资源与环境，2005，15(4)：32－36

[23] 李宝恒译．增长的极限——罗马俱乐部关于人类困境的研究报告[M]．成都：四川人民出版社．1984

[24] 李刚．基于可持续发展的国家物质流分析[J]．中国工业经济，2004，(11)：11－18

[25] 李刚，张彦伟，孙丰云．中国环境经济系统的物质需求量研究[J]，中国软科学，2005，25(11)：39－44

[26] 联合国环境规划署．21 世纪议程[R]．北京：中国环境科学出版社，1994

[27] 李慧明，王磊．基于循环经济深入发展的减物质化多重因素分解[J]．资源科学，2008，30(10)：1484－1490

[28] 李洪远．生态学基础[M]．北京：化学工业出版社，2006

[29] 黎建新，谭晓丽．发挥消费者在循环经济中的作用[J]．财政研究，2008(1)：61－63

[30] 刘敬智．中国的物质流账户及资源效率革命[D]. 东北大学,2006

[31] 刘敬智,王青,顾晓薇等．中国经济系统直接物质投入与减量分析[J]. 资源科学,2005,27(1):46－51

[32] 毛履平．中国非金属矿产品的出口现状与展望[J]. 中国非金属矿工业导刊, 2003(2):35－38

[33] 雷明．地区绿色投入产出核算[J]. 统计研究,2000(5)

[34] 林娜．绿色 GDP 核算体系与发展循环经济[J]. 当代经济研究,2006(11):53－55

[35] 刘树,许秋起．关于 EDP 核算思路的若干思考[J]. 统计研究,2002(9)

[36] 冷疏影,刘燕华．中国脆弱生态区可持续发展指标体系框架设计[J]. 中国人口·资源与环境,1999(4):40－45

[37] 李雪梅,周耀东．循环经济研究方法论初探[J]. 生产力研究,2008(4):5－7

[38] 刘轶芳．循环经济投入产出模型研究[D]. 中国科学院研究生院,2008

[39] 李云燕．论市场机制在循环经济发展中的地位和作用[J]. 中央财经大学学报,2007(10):65－70

[40] 刘征,胡山鹰,陈定江,等．中国磷资源产业中磷元素循环的投入产出分析[J]. 清华大学学报(自然科学版),2006,46(6):847－850

[41] 陆钟武．论钢铁工业的废钢资源[J]. 钢铁, 2002,37(4):66－71

[42] 陆钟武,岳强．物质流分析的两种方法及应用[J]. 理论探讨,2006(2): 17－18

[43] 牛桂敏．循环经济评价体系的构建[J]. 城市环境与城市生态,2005(18):4－7

[44] 曲格平．发展循环经济是 21 世纪的大趋势[J]. 机电产品开发与创新,2001(6):10－13

[45] 史宝娟,赵国杰．城市循环经济系统评价指标体系与评价模型的构建研究[J]. 现代财经,2007(5):5－6

[46] 沈怀军．安徽省环境经济系统的物质流分析[D]. 合肥工业大学,

2007

[47] 孙启宏等．基于EW-MFA方法的我国1990～003年资源利用与环境影响特征研究[J]．环境科学研究，2007,20(1):108－113

[48] 孙卫．发展循环经济的国际比较与战略思考[J]．科学学与科学技术管理，2005(1):95－99

[49] 苏杨,周宏春．发展循环经济的几个基本问题[J]．经济理论与经济管理,2004(10):19－22

[50] 孙育红．循环经济引论[D]．吉林大学,2006

[51] 唐建荣．生态经济学[M]．北京:化学工业出版社,2005

[52] 佟仁城,刘轶芳,许健．循环经济的投入产出分析[J]．数量经济技术经济研究,2008(1):40－52

[53] 陶在朴．生态包袱与生态足迹——可持续发展的重量及面积观念[M]．北京:经济科学出版社,2003

[54] 王宝义．从循环经济角度理解绿色GDP[J],价值工程,2005(10):11－13

[55] 王静．物质流核算——循环经济统计的新模式[J]．商业文化,2008(2):240

[56] 吴季松．循环经济[M]．北京:北京出版社,2003

[57] 吴季松．新循环经济学[M]．北京:清华大学出版社,2005

[58] 王倩．循环经济园区研究[D]．四川大学,2005

[59] 王青,刘敬智,顾晓薇等．中国经济系统的物质消耗量分析[J]．资源科学,2005,27(5):1－7

[60] 王奇,王会．循环经济的定量化评价方法研究[J]．中国人口·资源与环境,2007,17(1):33－36

[61] 王奇,叶文虎．人与环境系统的物质流模型研究[J]．前沿论坛,2002(11):28－33

[62] 王荣敏．试论我国循环经济的发展与政府作用[D]．华中师范大学,2006

[63] 王文军．循环经济的中国发展模式研究及实证分析[D]．重庆大学,2005

[64] 王宪恩等．循环经济催生绿色 GDP[J]．环境科学与技术，2005，28(3)：70－72

[65] 王益恒．关于建立循环经济指标体系的思考[J]．中国统计，2005(8)

[66] 徐明，贾小平，石磊，张天柱．辽宁省经济系统物质代谢的核算及分析[J]．资源科学．2006，5(28)：127－133

[67] 徐明，张天柱．中国经济系统的物质投入分析[J]．中国环境科学，2005，25(3)：324－328

[68] 向书坚．2003 年 SEEA 需要进一步研究的主要问题[J]．统计研究，2006(6)

[69] 向书坚．福利水平的可持续性评价研究[J]．中南财经政法大学学报，2007(1)

[70] 向书坚，杜凌．可持续发展评价与绿色 GDP 核算述评[J]．统计与信息论坛，2006(11)

[71] 向书坚，黄志新．包含环境账户的国民经济核算矩阵[J]．统计研究，2001(5)

[72] 向书坚，平卫英．循环经济统计核算问题研究述评[J]．统计研究，2008(11)

[73] 许宪春．国际上国民经济核算新发展[J]．统计研究，2002(6)

[74] 徐一剑，张天柱，石磊等．贵阳市物质流分析[J]．清华大学学报(自然科学版)，2004，44(12)：1688－1691

[75] 徐映梅．国民核算新论[M]．北京：中国财政经济出版社，2002

[76] 杨华峰，张华玲．论循环经济评价指标体系的构建[J]．科学学与科学技术管理，2005(9)：123－127

[77] 于丽英，冯之浚．城市循环经济评价指标体系的设计[J]．中国软科学，2005(12)：44 - 53

[78] 杨缅昆．关于 EDP 核算思路的若干质疑[J]．统计研究，2002(3)

[79] 杨顺顺，栾胜基，王颖．基于负产品投入产出分析的循环经济定量化评价及实证研究[J]．中国人口·资源与环境，2007，17(6)：77－82

[80] 杨雪锋．循环经济的运行机制研究[D]．华中科技大学，2006

[81] 章波,黄贤金．循环经济发展指标体系研究及实证评价[J]．中国人口·资源与环境,2005(3):22—26

[82] 诸大建．从可持续发展到循环型经济[J]．世界环境,2000(3):6—12

[83] 中国科学院可持续发展研究组．2002 中国可持续发展战略报告[M]．北京:科学出版社,2002

[84] 周宏春,刘燕华．循环经济学[M]．北京:中国发展出版社,2005

[85] 张坤．循环经济理论与实践[M]．北京:中国环境科学出版社,2003

[86] 张楷,周国梅等．物质流分析理论方法与循环经济评价指标体系研究(阶段报告)

[87] 张坤民．可持续发展论[M]．中国环境科学出版社,1997

[88] 臧漫丹．城市循环经济的治理理论与应用研究[D]．同济大学,2006

[89] 朱启贵．绿色国民经济核算论[M]．上海交通大学出版社,2005

[90] 朱启贵．世纪之交:国民经济核算的回顾与前瞻[J]．统计研究,2000(11)

[91] 朱启贵．国民经济核算在中国[J]．统计研究,2002(7)

[92] 张思锋,雷娟．基于 MFA 方法的陕西省物质减量化分析[J]．资源科学,2006,27(4):145—149

[93] 钟太洋,黄贤金等．区域循环经济发展评价:方法、指标体系与实证研究——以江苏省为例[J]．资源科学,2006(3):154—162

[94] 张文红,施建军．基于循环经济的开放动态投入产出智能决策系统[J]．控制与决策,2006,21(10):1097—1102

[95] 张颖,吴志文．循环经济与绿色核算[M]．北京:中国林业出版社,2006

[96] 赵玉川．循环经济统计的重要模式——物质流核算[J]．中国发展,2006(2):17—23

[97] Asheim, G. B. Net National Product as an Indicator of Sustainability [J]. Scandinavian Journal of Economics, 1994(96): 257—265

[98] Ayres R U, Kneese A. V. Production, Consumption and Externalities [J]. American Economic Review, 1969, 59(3):282—297

[99] Bringezu Stefan, Fischer-Kowalski Marina, Kleijn Rene, et al. Analysis for Action: Support for Policy towards Sustainability by Material Flow Accounting[R]. Wuppertal: Wuppertal Institute, 1997

[100] Cassing J., T. Kuhn. Strategic Environmental Policies When Waste Product Are Tradable [J]. Review of International Economics, 2003 (11): 495—511

[101] Das, Sujit, Curlee, T. Randall and Rizy, Colleen G., Automobile Recycling in the United States: Energy Impacts and Waste Generation [J], Resources Conservation and Recycling,1995,14(3—4):265—284

[102] Di Vita, Giuseppe. Renewable Resources and Waste Recycling [J]. Environmental Modeling and Assessment, 2004(9): 159—167

[103] Ekins, P. From Green GDP to the Sustainability Gap: Recent Developments in National Environmental Economic Accounting [J]. Environmental Assessment Policy and Management, 2001, 3 (1):61—93

[104] Ekins, P. and S. Simon. The Sustainability Gap: A Practical Indicator of Sustainability in the Framework of The National Accounts [J]. International Journal for Sustainable Development, 1999,2 (1):32—58

[105] Emily Matthews. Resource Flows [R]. Washington D C: World Resource Institute, 2000

[106] Emily Matthews. The Weight of Nation [R]. Washington D C: World Resource Institute, 2000

[107] European Commission. Material Flow Accounts, DMI and DMC for Sweden 1987—1997[R]. Eurostat. Working Papers, 2/2000/B/2

[108] EUROSTAT. Economy-wide Material Flow Accounts and Derived Indicators: Methodological Guide [M]. Luxembourg: EUROSTAT, 2001. 9—15

[109] EUROSTAT. Material Use in the European Union 1980—2000: Indicators and Analysis[R]. Luxembourg: Statistical Office of the

European Union, 2002

[110] Femia A. A Material Flow Account for Italy 1988 [R]. Luxembourg: Eurostat Working Papers, 2000

[111] F den Hond. Industrial Ecology: a Review [J]. Regional Environmental Change, 2000,1 (2): 60—69

[112] Fischer-Kowalski, M. and C. Amann. Beyond IPAT and Kuznets Curves: Globalization as a Vital Factor in Analyzing the Environmental Impact of Socio-Economic Metabolism[J]. Population and Environment, 2001, 23 (1):7—47

[113] Fischer- Kowalski. Society's Metabolism, The Intellectual History of Materials Flow Analysis, Part I, 1860—1970[J]. Journal of Industrial Ecology, 1998, 3(1):61—78

[114] Fischer, H. , K. Lichtblau, B. Meyer and J. Scheelhaase. Growth and Employment Impulses of Profitable Material Savings[J] . Wirtschaftsdiens, 2004, 84 (4):247—254

[115] Helga Weisz, Christof Amann, et al. The Physical Economy of the European Union: Cross-Country Comparison and Determinants of Material Consumption [EB/OL]. www. elsevier. com/locate/ecolecon, 2006: 3—12

[116] Hubacek K. , S. Giljum. Applying Physical Input-Output Analysis to Estimate Land Appropriation(Ecological Footprints) of International Trade Activities. Ecological Economics, 2003, 44 (1):137—151

[117] Kondo, Yasuo, Hirai, Ko-suke and Kawamoto, Ryota. A Discussion on the Resource Circulation Strategy of the Refrigerator, Resources Conservation and Recycling, 2001,33(3):153—165

[118] Korhonen J. Four Ecosystem Principles for an Industrial Ecosystem [J]. J of Cleaner Production, 2002, 9(3)

[119] Koji Takase, Yasushi and Ayu Washizu. An Analysis of Sustainable Consumption by the Waste Input-Output Model [J]. Journal of Industrial Ecology, 2005(1):201—219

[120] Leontief, W. Input-output Economics [M]. Oxford University Press, Oxford, 1986

[121] Markandya, A. and Tamborra, M. (eds). Green Accounting in Europe - A Comparative Study[M] (Vol. 2), Kluwer Academic Publishers, Dordrecht, forthcoming, 2000

[122] Measuring Sustainable Development: Achievement and Challenge, United Nations Division for Sustainable Development Expert Meeting on Indicators of Sustainable Development, New York, 13—15 December 2005

[123] Ministry of the Environment. Material Flow Accounting as a Measure of the Total Consumption of Natural Resources [R]. The Finnish Environment 287. Helsinki: Ministry of the Environment, 1999

[124] Muradian, R. and J. Martinez-Alier. South-North Materials Flow: History and

Environmental Repercussions. Innovation, 2001, 14 (2): 171—188

[125] OECD. Recommendation on Material Flows and Resource Productivity. Adopted by the OECD Council on 21 April 2004. Paris: OECD, 2004

[126] Paul H., Helmut R. Practical Handbook of Material Flow Analysis [M]. Boca Raton London New York Washington D C: Lewis Publishers, 2004:1—318

[127] Pezzey, J. Economic Analysis of Sustainable Growth and Sustainable Development [M]. Environmental Working Paper No. 15, Washington. D. C: The World Bank, 1989

[128] Pittlel Karen, Amigues, Jean-Pierre and Kuhn Thomas. Endogenous Growth and Recycling: A Material Balance Approach [R]. Institute of Economic Research, Swiss Federal Institute of Technology Zurich, 2005

[129] Repetto Retal. Wasting Assets, Natural Resources in the National Income Accounts [M]. Washington . D. C: World Resources Institute, 1989

[130] Reijnders L. A Normative Strategy for Sustainable Resource Choice and Recycling [J]. Resources Conservation and Recycling, 2000, 28 (1):121—133

[131] Robert Costing etc. The Value of the World's Ecosystem Services and Natural Capital [J]. Ecological economics, 1998(25)

[132] Robert U Ayres, Udo E Sinmonis. Industrial Metabolism[M]. Japan, Tokyo: United Nations University Press, 1994

[133] Roefie Hutting etc. The Concept of Environmental Function and Its Valuation [J]. Ecological Economics, 1998(25)

[134] Ross, Stuart, Evans, David. The Environmental Effect of Reusing and Recycling——A Plastic-based Packaging System. Journal of Cleaner production,2003,11(5):561—571

[135] Schmidt-Bleek, F. A Universal Ecological Measure [M]. Fresenius Environmental Bulletin, 1993, 2: 407—412

[136] Schütz, H. Technical Details of National Material Flow Accounting (Inputside) for Germany [R], Wuppertal: Wuppertal Institute, 1999

[137] Scasny, M., J. Kovanda and T. Hak. Material Flow Accounts, Balances and Derived Indicators the Czech Republic During the 1990s: Results and Recommendations for Methodological Improvements. Ecological Economics, 2003, 45(1):41—57

[138] Shigemi Kagawa, Hajime Inamura and Yuichi Moriguchi. A Simple Multi-Regional Input-Output Account for Waste Analysis [J]. Economic Systems Research, 2004(16):20—49

[139] Shinichiro Nakamura, Yasushi Kondo. Input-Output Analysis of Waste Management [J]. Journal of Industrial Ecology,2002(1):39 - 63

[140] Stefan Bringezn, Helmut Schutz, Stephan Moll. Rationale for and Interpretation of Economy-Wide Materials Flow Analysis and Derived Indicators[J]. Journal of Industrial Ecology, 2003, 7(2):43—64

[141] Theys. J. Environmental Accounting in Development Policy:

the French Experience [M]. Environmental Accounting for Sustainable Development, Washington. D. C: The World Bank, 1989

[142] Tilton, John E. , The Future of Recycling [J], Resources Policy, 1999, 25(3):197-204

[143] Tom Tietenberg. Environmental and Natural Resource Economics [M], fifth edition. Addison Wesley Longman, 2000

[144] United Nations. Integrated Environmental and Economic Accounting 2003[M]. New York: United Nations, 2003

[145] Wernick, I. and J. H. Ausbel. National Material Flows and the Environment [R]. Annual Review Energy Environment, 1995(20): 463-492

[146] World Resources Institute. Weight of Nations: Material Outflows from Industrial Economies [M]. Washington DC: World Resources Institute, 1997

[147] Yoshinori Kobayashi, Hideki Kobayashi, Akinori Hongu and Kiyoshi Sanehira. A Practical Method for Quantifying Eco-efficiency Using Eco-design Support Tools [J]. Journal of Industrial Ecology, 2005(4): 131-144

[148] Zhu Dajian. From Sustainable Development to Circular Economy [J]. World Environment, 2000(3): 6-12